津本式

革命魚レシピ。珠玉の78品目

Tsumoto-shiki
Revolution
Recipe of fish dishes

津本式 革命魚レシピ

CONTENTS

監修
津本光弘
［つもと みつひろ］

『津本式・究極の血抜き』の開発者。宮崎県の長谷川水産で魚卸しを生業にする傍ら、水産業界の革命とも言える、水道水を魚に灌流することで、死魚でさえ血抜きを行える「究極の血抜き」の技法を開発。その技法を体系化し、水産の現場でローコストで効率よく活用できるようにしたのが「津本式」。YouTubeで技術の発信を無料で行いながら、その技術の啓蒙に務める。理念は、「魚を余すことなく食べ尽くすこと。食べる人が笑顔になること」。株式会社 水流を立ち上げ、プロ向けの商品なども展開する（津本式.com）。

津本式.com

津本式YouTube

本書の元々の企画趣旨は、釣り人目線のものでした。釣り人はあるていど狙った魚種をまとまった尾数、釣ってきます。釣りですので釣ってきた当初は抜群の鮮度ですが、通常の処理では、釣ってから3、4日経過すると急激に食味が落ちる魚がほとんどです。ですので、それまでに食べきるというのが従来のスタイルでした。釣ってきた魚を数日で食べきるには多すぎる量であることもままあります。

ですが、『究極の血抜き津本式』の出現により、釣ってきた魚を長期保存することが可能になったこともあり、無理をして期間内に食べきる必要がないどころか、保存して寝かせたり、熟成させたタイミングに合わせた調理を意識することが可能になりました。

そこで本書は『便宜的に』7日間で魚を消費していくことを仮定して、7品目(場合によってはそれ以上)を紹介するというスタイルをとっています。1日目、2日目、3日目〜7日目… という表記は、鮮度指標としての目安です。きっちりと文字通り、その日数の魚を使えという意味ではありません。

1日目は新鮮な魚状態を意味します。7日目は、寝かせや熟成が進んだ状態の魚を使っているということを表します。本書では寝かせや熟成という津本式だからこその過程を考慮して、魚が『若い』という表現を多用しておりますが、これは寝かせている時間が短いと同義の表現となります。

現在、大学の研究などにより、魚は寝かせて数日でATPがイノシン酸という旨みに変化しそのピークを迎え徐々にその旨みは減少。代わりに、日が経つにつれて、身のタンパク質が変化し、遊離アミノ酸類が増えてくることがわかっています。その変化を容易にコントロールすることができる最初の1歩が津本式という魚の仕立て方なのです。

従来では、トライできなかった領域の調理も可能になりました。それは津本式の保存力の成せる技です。そして処理により血液由来の臭みや生臭さも驚くほど抑えられます。それを意識したレシピも可能になるのです。ですので、津本式は魚という食の革命であり、調理者にとっての可能性なのです。

津本式
革命 魚レシピ

本書レシピは津本式を行わなくても楽しめますが、
より魚本来の力を味わうために、津本式をぜひマスターしてみてください。

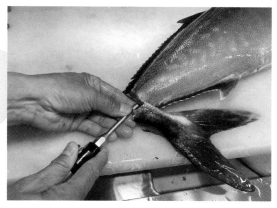

究極の血抜き
津本式の手順

『究極に簡単』なので究極の血抜き。
誰にでもローコストで試せる、『枠組み』を学ぶ。

津本式と聞くと、『難しいプロの技』だと勘違いしてしまう人も多いですが、『究極の血抜き・津本式』は『究極に簡単に血抜きをすることで、魚を鮮魚状態で長く保存することができるようになる津本光弘氏が開発した手順』と読み解くのが正しいでしょう。

つまり、誰にでも試せて活用できます。本書では、水産の現場で最適化された開発者の津本光弘さん本人の、正規の手順を踏まえてまずは解説しております。これには、専用の器具が多く使用されていますが、実際には包丁と血抜きをするためのホースと水があれば魚の処理は可能です。言い換えれば、数あるプロ用の器具は必要ありません。

プロとして日々、魚を扱われる。または、仕事として津本式を取り入れたい。もしくは趣味で完璧に津本式で処理した魚を仕立てたいと考えている方が、専用の購入を検討すればよいものがほとんどです。

そこで本書ではそれを踏まえた解説を行なっていますので、最低限の道具で血抜きをする方法についても注釈しております。

ペットボトルを使って簡単に処理する方法についても解説しておりますので、環境に合わせて活用いただければと思います。

津本式は、目利き→締め・血抜き処理→冷蔵保存。この3つで構成されています。この3つの枠組みを理解することで、正しい津本式の処理が可能になります。では、津本式を活用し、新しい魚の料理の可能性に触れてください。

使用されている器具について

すべてを揃える必要はない、プロ用の器具。
処理の高効率化を考えてラインナップされています。

津本式開発者である津本光弘さんは、各種の津本式用の道具を開発、販売しておりますが、『専用の道具が無いとこの処理が出来ない』というのは間違いです。むしろ、家庭などで試す分には、専用の道具は必要ありません。

絶対に必要なものはホース、ホースが装着できる水道。包丁。この3つです。最近の家庭ではホースを装着できるキッチンが少なくなっていますので、それに変わる簡易のノズル（津本式家庭用魚仕立てノズル）なども販売されていますが、これさえも工夫をこらせば代替品で処理が可能です。今回はそんな数あるプロ用道具から、使用頻度が高く、持っていると便利な道具をピックアップします。

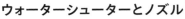

血合取りリムーバー
元々は、腎臓部の掃除後処理のために開発されたが、専用のリムーバーノズルPROを装着することでノズル血抜きが可能になった。ウォーターシューターに接続可能。

ビニールホース
津本式の血抜きの根幹を成すツール。これさえあれば、どんな人も簡単手軽に津本式の処理を行うことが可能。

ウォーターシューターとノズル
尾部からノズルによる水流圧迫を行い、精度の高い血抜きを行うノズルと各種プロ用器具のアタッチメントとなるウォーターシューター。

TINY 血合いウロコ取り
内臓処理などで使用する津本さん愛用の道具。プロの現場ではこれがあるのとないのでは作業効率が変わってくる。必需品ではないが、あると便利。

リムーバーノズルPRO
処理ツールとして汎用性が高い、血合い取りリムーバーの先端に装着するノズル。

家庭用 魚仕立てノズル
ホースでの処理がマストだが、小型魚や現場での処理、自宅キッチンにホースが着けられない場合にペットボトルと合わせて使うことで血抜きができるアイテム。

津本式.com

津本式開発者である津本光弘さんは、各種の津本式用の道具を開発、販売しております。こちらのサイトで購入できます。

1 目利き。魚を選ぶ

良い魚を選ぶことが大前提！

仕 立てるにあたって、状態の良い魚を選ぶことは大前提です。目、色、形、エラの色。生きているか死んでいるか。生きているからといって、イコール新鮮でいい魚というわけではありません。エネルギーの豊富な魚を目利きすることで、この後の魚の品質が大きく変わってきます。

2 魚を締める／脳締め

旨みの元を魚に封じ込める重要工程！

エ ラの外枠と、内側の線の交点の位置が種類問わず、魚の脳の位置になることが多く、なおかつ、その部分がくぼんでいたり、柔らかくなっています。そこをひと突きし、ナイフで刺すだけなく、捻ったり、倒したりすることで、脳を破壊します。これにより、まずは魚の生命活動を停止します。釣った後すぐ、獲った後すぐにこの処理をしている魚は、美味しさに変換されるATPという物質が豊富に残っており、魚の状態が良くなります。

よくある質問

Q 絶命している魚にこの処理をする必要はありますか？

絶命しているなら本処理は必要ありません。ただし、続く専用器具であるノズル処理で神経組織を排除したい意図がある場合は、脳部分に穴を空けておく意味はあります。

Q この処理をしていないまま、魚をクーラーなどに入れるとどうなりますか？

魚がゆっくり、苦しみながら絶命する苦悶死になりますので、ATPという物質が締めた場合より少なくなり、しっかりと処理した魚より、ややポテンシャルが落ちてしまいます。

3. エラ膜をカットする
狙うはエラの上側背骨下に通る血管と腎臓

背骨の下に刃を
当てるイメージ

津 本さんが血抜き処理を行う前提で行う
非常に重要な工程。まず、エラを写真
のように開き、エラの上端部、背骨の下あた
りを狙って（膜のようなものが張っています）、
包丁などの刃を当て（逆刃になる）、背骨に刃
を当てる要領で撫でて切りましょう。

　これによって、背骨下に通る、腎臓部、血
管部を切断します。後ほど、この穿孔穴にホー
スを充てて、水を圧迫灌流することで、血
抜きを行いますので、津本式の処理を行う上
で、かなり重要な工程となります。

ココをカット / 脊髄 / 背側大動脈 / 脊骨（脊柱） / 腎臓 / 脳 / 眼 / 肛門 / 腸 / 口腔 / 胃 / 鰓/鰓血管 / 心臓 / 肝臓

釣りの現場でのフリフリ血抜き
釣りなどの現場では脳締め、可能であれば神経締めをし
た後に、エラ膜を切断。そのあとにバケツに水を入れて、
その開けたエラ穴などに指を入れて魚を左右にゆすってや
ると、かなりの量の血を現場で抜くことができます。

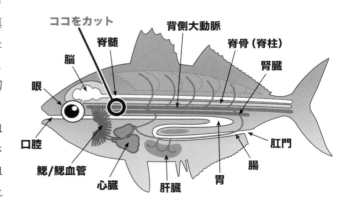

4 尾を切る

魚屋さんならではの心遣い。
小さい魚なら切断しないこともあります

　この処理の目的は2つ。専用器具となる血抜き用ノズルで処理するために、尾に繋がる血管と神経穴を露出させる目的。そして、後にホースと水を使った圧迫灌流を行う際の、水の抜け穴、圧力調整穴として血管を露出させるという目的です。

　尾は薄皮を残して、完全に切断しないように処理するのが、津本式のスタンダードな処理の方法となります。小型の魚の場合、尾を切らずに処理することもあります。

よくある質問

Q なぜ、尾を完全に切断しないのですか？ 完全に切断すると失敗ですか？

　津本さんは、魚を右頭にした状態でこの処理をされます。理由は飲食の現場では、魚の頭を左に向けて提供することが基本だからです。右面だけ皮を残すことで見た目が悪くならないように配慮しています。家庭で使用したり、刺身や切り身で使用することを前提にしたり焼き魚や姿造りなど見栄えが必要な調理しない場合は、切断しても問題ありませんが、持ち手があることで作業しやすくなる側面もあります。

Q 尻尾を完全に落とさないようにするコツはありますか？

　包丁やナイフのアゴの部分を、背骨に充てて断ち切れば、尾を落とさずに切断できます。津本さんが開発された、アサシンナイフやアサシンナイフJr.には刃にテーパーがついていたりと、その方法で尾を断ち切っても、完全に切断しないようなギミックが設けられています。

**アサシンナイフ
（オリジナル）**

この角度が尾を完全に断ち切らないためのギミック。 **アサシンナイフJr.**

5. 切断した尾部から ノズルによる神経締め/血抜き

ノズルによる神経締め

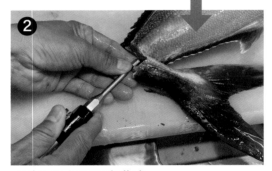

ノズルによる圧迫灌流

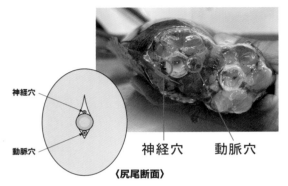

神経穴
動脈穴

神経穴　動脈穴

〈尻尾断面〉

❶ 津本式の代名詞のように語られるノズル器具を使った神経締め、圧迫灌流血抜きですが、ノズルによる神経締めは完全絶命していれば行う必要がありません。ただ、この神経穴からの圧迫灌流血抜き効果もあるため、精度の高い血抜きを目指すならば、処理をしたほうがよいでしょう。神経締めの効果は遅延性痙攣によるATP消費を抑える側面もありますが、この痙攣による物理的な身の損傷を抑える効果も重要です。ノズルで水を灌流すると、神経組織が脳締めした際の頭の穴から出てくることがあります。出なくても基本問題ありません。この作業は、神経締め用の針金などで代替できます。

❷ ノズルによる圧迫灌流は、血抜きのメインとなるホース血抜きの補助的役割があります。特に内臓を利用する料理の場合は、ホース血抜きだけでなく、尾からのノズルによる血抜きを行うことで、更に精度が高い血抜きが行えます。

どちらも、軽く数秒、圧迫灌流するだけで、処理は完了します。

判断の基準としてはノズルで水を注入していくと、身が張ってきます。その張りが見えたら処理を中断しましょう。

差し込むべき穴にノズルが入っていなかったり、水を無駄に長く注入しすぎると、身割れや身に水を余分に流入させることになりかねません（その場合でも焦らず後述する立て掛け処理などを念入りに行ってください）

こちらのノズル血抜きは場合によっては省いてもらっても問題ありません。津本さん曰く『ホース血抜きで100%で、さらに120%の血抜きを意識するなら、このノズル血抜きを行ってください』とのことです。

6 血抜き技術の根幹。ホース血抜き。この工程こそが『究極の血抜き』

❶ 先ほど、エラ膜切りの工程で開けた穿孔穴にホースを当てて差し込み、水道の蛇口を捻って、水を圧迫灌流します。

注意すべきは水圧と、ホースを充てておく時間です。

しっかりと水を送り込みたいという思いから、水圧を強くしがちですが、イメージ的にはドボドボとトボトボの中間くらいの水量で十分です。

もちろんこちらは、魚のサイズやコンディションで調整していきますので、相対的なものだと考えてください。

ホースを当てる時間は数秒です。3〜5秒程度を基準として、魚のサイズや状態で調整します。

一気に水を流し込むのではなく、ホースを穿孔穴に当てたり離したりすることで水量を調整することで、不要な血管の欠損などを避けることができます（魚の状態が悪いと可能性がある）。

❷ この処理を行うと尾部から灌流による血が勢いよく排出されますが、これは必ずしも確認する必要はありません。必要な血管に水が灌流すると、魚の身が張ったようになります。

よくある質問

Q 水をこれだけ流し込めば、身が水っぽくなることはありませんか？また圧力で身割れが起こりませんか？

身に灌流処理を行うことで、水が魚の身に漏れるかどうかについては東京海洋大学の高橋希元助教のチームにより検証されました。結論から言って、正しい方法で処理した場合、そのような危険性はないとの研究結果が報告されています。

鮮度が劣る魚や状態の悪い魚を処理したり、

不必要に水の圧を与えたり、長時間の灌流を行うと、圧を与えた血管が損傷することもあるようです。また、ホース血抜き後の処理を適切に行わない場合は、そういった状態になることもありますが、水抜き処理などでリカバリーは十分に可能です。

7. エラを外す

次の作業を意識しつつ、処理 をしていきましょう。

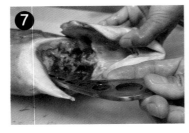

❶〜❹ まず、エラの上端部に刃を入れ、なぞるようにエラを切り離していく。基本的には膜のようなものを裂くだけだが、刃を入れた上端部、顎下には筋のようなものがあるので、そこはしっかりと切り離していく。❺〜❻ 小型の魚なら、先の作業が終わり次第、手で引きちぎることも可能だが、大型魚の場合、エラを下にひっぱりながら、刃を喉の付け根の部分に並行に入れて切り離す。下に引っ張っていれば、意外に簡単に刃が入る。❼エラを取り外したら、心臓付近を覆っている膜を逆刃でひと突きする。そしてそのまま、背骨下の腎臓膜も軽く掻いておくと良い。ただし、マダイなどの魚には、通称ニガ玉（胆嚢）と呼ばれる緑色の臓器があり、これを誤って破ってしまうと強い臭いが付いてしまうことがあるので注意しよう。❽このあと、内臓を取り出すときに簡単に臓器が引き抜けるように、指などで心臓付近を覆っている、膜を掻き切っておくとよい。

津本式は、水産の現場でスピーディーに作業を進めるために最適化されている手順なので、なぜ、この手順で作業を行うこと推奨されているのかを理解することが大事です。

8 内臓を取り出す

ホースを使いながら処理もOK!
内臓が抜き出しにくい場合は流水を利用しながら処理しよう

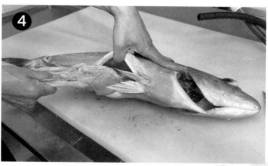

❶ まず、肛門部に刃を入れます。**❷**そこから、腹ビレのあたりまで開腹します。**❸**肛門部と繋がっている腸を指でひっかけ、引きちぎります。**❹**そのまま内臓を引き抜きぬきます。前の作業で心臓付近の膜を掻き切っておくことで、内臓全体が簡単に引き出せるようになっているはずです。この作業時に喉側からホースを入れ流水しておくことで、内臓が取り出しやすくなります。ニガ玉（胆嚢）などが破けた場合でも、流水下で作業していれば、身に臭いが移ることは稀です。

よくある質問

Q 肛門部から
胸ビレ下までのカットは
津本式の決まりですか？

　基本的に、長期保存、寝かせ、熟成調理を意識して津本式で処理する場合、腐敗が進みやすい切断面を極力少なくするという意図があります。つまり何処までそれを気にするかは、作業効率を含め、魚を利用するタイミング、着地点を考慮に入れて処理しましょう。アジなどの小型魚、ヒラメなどの魚の場合は処理を優先して顎下まで通常のように開腹することも多々あります。

9. 腎臓（血合い）の膜を開き掃除する

津本さんの開発した『血合取りリムーバー』は便利です！
掃除にも血抜きにも使用できる優れもの

❶ 内臓を処理後、背骨下にある腎臓（血合部）は、薄い膜のようなもので保護されています。こちらを、刃で裂き開き、腎臓を露出させます。❷その後、TINY血合ウロコ取りなどで、腎臓をしっかりと掻き出します。指や、ササラ、竹串などを束ねたものでも処理は可能です。❸〜❹津本さんは、血合い取りリムーバーの水圧を利用して、念入りに洗浄します。血合いが寝かせ時や、熟成時に酸化や腐敗の原因になるからですが、神経質になりすぎる必要

は無いと津本さんはいいます。また、血合取りリムーバーは、開腹により露出した骨などに先端部を押し付け水圧を加えることで、尾部からのノズル血抜きに近い効果がありますので、慣れてきたら試してみるといいでしょう。リムーバーを所持していなくても、ホースなどの流水を利用しながら、処理することは可能です。

　津本式では、流水を各所で使用しますが、これにより魚が水っぽくなることはありません。

10 立て掛け（脱水処理）

地味に見えるが大事な作業15～30分ほど脱水を行う

掃除が終了したら、魚の頭を下に向け、ザルや発砲スチロールの箱などで脱水処理をします。時間にして15分程度。立て掛け時の室温などを気にされる方がいますが、ここまでの処理を行っていれば、神経質になる必要はありません。もちろん、可能な範囲で室温が低いに越したことはありません。

　この処理を適切に行わず、次の脱気・弱真空処理に保存に入ると、水などのドリップ量が多くなり、手入れの頻度を高くする必要が出てきます。しっかりと立て掛けて、脱水処理を施しましょう。非常に重要な工程です。

よくある質問

Q そもそもなぜ、この処理が必要なのですか？

　津本式は、ホースの水圧などを使い魚の腎臓部、血管部に水を圧迫灌流することで、そこから繋がる血管の血を溶血し、洗い流すことを主眼に置いています。風船のように膨らんで水が入った血管部から、魚そのもの身の圧力などを利用し、排出してやることで、血管内の水が排出されます。ですので、この作業でしっかり脱水してやる必要があります。

11 ビニールに入れて脱気

目的は魚の保護。そして、空気と魚が触れる環境を減らすこと。

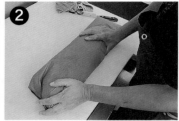

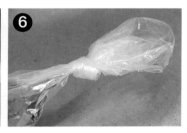

❶ ペーパータオル類で魚全体を包む。給水すると破れがちなペーパーではなく、丈夫な商品をえらんでおきましょう。❷保護紙でその上から包みます。これは、津本さんが商品として発送することを念頭にしているからです。後は魚のトゲなどで後ほど使用するビニール袋を破かないようにする効果などもありますが、必ず使用しなければならないものではありません。❸〜❺紙に包んだら、厚めのビニールに魚を入れて、ホースなどで脱気します。魚が押し潰されるような圧力は加えないこと。この処理により、魚が空気に触れにくい環境を作り出します。酸化を遅らせることで、腐敗を防ぐことができ、長期保存が可能になります。適度な圧力で、魚の中のドリップ効果を高め、脱水を促すこともできます。❻しっかりと口を閉じて完成。

よくある質問

Q ラップなどで処理してはダメですか?

この後、津本式では水の張ったクーラーなどに袋を水没させる処理を行いますが、それ自体にも理由があります。ただ、水冷保存には設備が必要なため、ラップ処理などを行い、脱気のみで寝かせや熟成調理を行う料理人の方もいらっしゃいます。その理由を理解することが大事ですので、良い悪いで言うと、そういった処理の仕方もあるとお答えするのが正しいでしょう。

12 冷水による保冷保存

脱気した弱真空のビニールに魚を封入したあと、津本式では、凍らない程度の水温にその魚を水没させて保存します。その温度は5度以下が望ましいでしょう。

　まず、水を張った容器を用意し、冷蔵庫に設置します。そしてその容器の水温を1〜5度以下に下げましょう。津本さんは1〜2度の条件下で保温されています。そこにビニールに封入した魚を水没させます。

　その上で、毛布やタオルなどを被せることでより高い精度、安定した温度で魚を水没させることができます。

　津本さんは水産の現場の冷蔵庫を使われていますが、一般で保冷の環境を用意できない場合は釣りのクーラーボックスなどに氷を投入し温度管理する方法もあります。

　この、水没させる保存の利点は、（1）水没させるので、ドアの開閉などによる急激な温度変化が起きにくく、保存する環境が安定します。（2）水没により適度な水圧が身にかかり、残存している血液や処理時の水、魚そのものの水分のドリップを促進します。（3）水に浮かべているため特定の箇所に圧力がかからず分散するため、魚の品質が担保されます。（4）ビニールによって外気からは遮断されているものの、材質により空気はビニールであれど透過しがちです。水没させることで、酸素などの影響をより減らし、腐敗などの原因となる酸化を抑えます。

　あとは、魚の状態や個体を見極め、寝かせたり熟成させていくわけですが、ドリップした血や水分が身に吸い戻されないように、ペーパータオルなどを交換するケアをすることで、魚の品質をさらに維持、向上させることができます。

　ここまでが、津本式の基本的なスキームとなりますが、本格的な処理が難しい人のための方法についてもご紹介することにしましょう。

誰でもできる
ペットボトルで 津本式

正規の手順が道具もないし、ホースも使えなので出来そうにない。
そんな方はペットボトルに装着することで出来る、簡易津本式の方法をご紹介します。
『津本式・家庭用魚仕立てノズル』を本書では活用しております。

30-40cm前後の魚なら処理可能。頭を右に向けて配置する。

エラをまくって露出させる。

逆刃で、エラの上端。背骨の下の大動脈と腎臓を撫で切り切断。

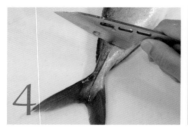

水圧調整のため尾をカットするが、尾からのノズル処理はしない。あまり切りすぎなくてOK。

後の処理のしやすさを考慮して、尾を薄皮1枚残してカット。ナイフや包丁のアゴを背骨にあてる。

この時、背骨下側にある大動脈をなるべく露出させるようにカットする。

ペットボトルに真水を入れて家庭用魚仕立てノズルをセット。3の手順時にナイフや包丁で空けた、エラ上端部の穴にそのノズルを挿入する。

ペットボトルの水を、押し込んで注入する。水圧が逃げないようにエラを抑えてみよう。

魚の身が張ってきたら処理は成功。写真のように水が出なくても、処理は完了している。

エラと、内臓を除去する。このあたりの手順は、正規の津本式と同じ。切断面はなるべく少なくなるように心がける。

内臓を取り出したあと、背骨下の腎臓（血合い）を覆っている膜を露出させる。

腎臓を覆っている膜をカットして血合いを掃除していく。余談だが、この膜が残っていれば内臓処理をしてしまったあともある程度の血抜きが可能。

あとは、立て掛け処理を行い、脱水後、ペーパータオルなどで魚をくるみ、正規の手順通り水冷保存するか、ラップを巻きつけて空気をしっかり遮断し、冷蔵庫の温度変化の少ない場所で補完する。この方法でも正しい手順で処理できていれば、5〜7日程度の保存は可能。温度管理には注意し、1度から2度前後で保冷することを心がけよう。

津本式
家庭用
魚仕立て
ノズル

Amazonで購入可能

魚を3枚に おろしてみよう

3枚おろし、兜割りの方法については、こちらの映像からもご覧になれます。

魚を捌くと聞くと難しいように感じてしまうかもしれないが、特殊な形状でないかぎり、魚の基本構造は同じです。そこで、最も魚の調理で一般的な身を3枚におろす方法について解説していきます。さまざまな魚に応用が効く捌き方ですので、学んでいきましょう!

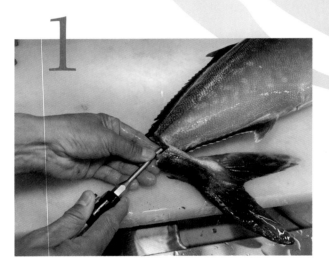

魚はしっかり流水で洗って水気をとっておこう!

今回は津本式で処理済みの魚を利用しますが、通常の3枚おろしの場合は、内臓の処理が入ります。内臓の処理については前述のエラの処理、内臓の処理をそのまま踏襲してください。数日間寝かせた魚は、流水でしっかり洗ってください。

意外に重要なのは『ふきん』

3枚おろしの処理に必要な道具は、包丁、まな板、ウロコ落とし、ふきん。このあたりのツールが基本となります。ウロコを落とすのに包丁を代用することがありますが、やはり専用の器具があると便利です。ここからの処理は、汚れなどが身に臭いとして移る可能性を考慮して、まな板を常に綺麗にしておくように心がけましょう。そう言った意味でも、ふきんの用意は必須です。

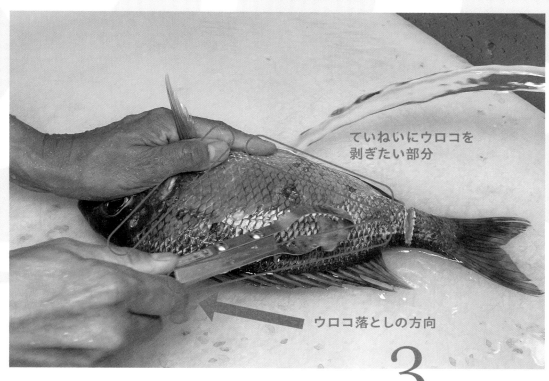

ていねいにウロコを
剥ぎたい部分

ウロコ落としの方向

刃をあてる部分は念入りにウロコとりをしましょう

3

ウロコ落としを利用する場合、ウロコ落としの
ギザギザの刃の片方を上手く使うと良いと津本
さんはアドバイス。流水を使える環境であれば、
水は流しっぱなしで魚に当てて問題ありません。
ウロコを剥いでいく方向は横。縦に動かさない

ようにしましょう。そしておろすときに刃を充
てる部分を念入りに処理していきましょう。皮
にウロコを残す処理をしつつ3枚におろす場合
は、刃を入れる部分のみ、ウロコを落とすと作
業がしやすくなります。

過食部を増やすことを頭に
入れて刃を入れましょう

過食部をできるだけ増やすことを意識しつ
つ、まず、胸ビレの写真の位置あたりに、
斜めに刃を入れましょう。脳の位置のやや
後ろ→胸ビレの付け根→腹ビレの後ろのあ
たりを狙いましょう。

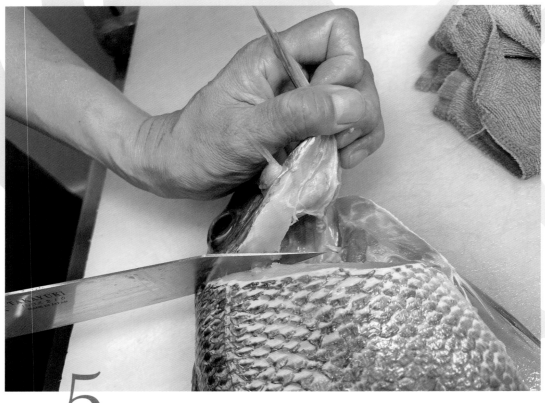

5 背骨を断ち切るときは関節を狙う

頭を落とす際の難関は、硬い背骨の部分だが、骨と骨の間に刃が入れば、簡単に切り離すことができる。魚の片側に刃を入れたら、同様に裏側にも包丁を入れるが、背骨に刃をいれるタイミングはどちら側でもOK。

頭も過食部！綺麗に処理！

頭の部分も、さまざまな料理に利用できるので、とっておきましょう。最後に開き方を解説します。

6

7

包丁の腹をうまく使おう！

胴体部の身をおろしていくわけですが、包丁のどこを使うとうまくいくかを理解しておきましょう。身を3枚におろしていく際は、刃の腹の部分をしっかりと活用します。

8

包丁の腹を使い軽く筋を入れる

まず、魚の右側は腹側から刃を入れていきます。包丁の腹を使って薙いでいくように切りこみをいれていくのも良いですし、元々魚にある、筋のような部分を狙って刃を入れても良いでしょう（大きな魚は、刃が入れやすい筋のような線、溝が天頂部や底部にあったりします）。

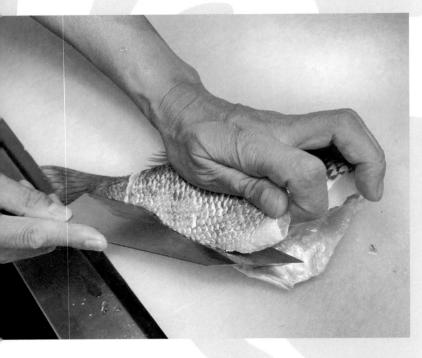

9

包丁の腹を使って
身を剥がしていく

一気に刃を入れていくのでは
なく、包丁の腹を身に当てな
がら、骨に張り付いている身
をていねいに削ぎ剥がしてい
くイメージでいきましょう。

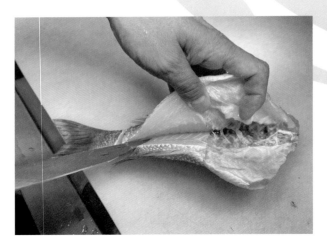

背骨付近まで身を剥がしたら
包丁の先端を利用する

背骨付近まで身を包丁の腹で剥ぎ切れたら、
包丁の先端、きっさきをうまく使って、背
骨付近の強く固着している身を仕上げに弾
き切っておくと後の処理がしやすくなります。

10

身の前側の骨は硬いので
しっかりと断ち切って
おきましょう

背骨付近まで身を包丁の腹で剥ぎ切れたら、
包丁の先端、鋒をうまく使って、背骨付近
の強く固着している身を仕上げに弾き切っ
ておくと後の処理がしやすくなります。

11

魚を3枚におろしてみよう

背側も腹側の処理と基本同じ。まずは包丁の腹を使う

背に包丁の腹を入れて切りこみ筋をいれていきます。こちらも魚によってはそのまま包丁を入れやすい筋のようなものがありますので、そこに刃の腹を滑り込ませてもよいでしょう。

12

包丁の腹で身を剥がしたら背骨まわりの処理

包丁の腹で、背骨周りの身をある程度剥がしたら、きっさきを背骨のあたりに滑らせて、身をより剥がしやすくしておきましょう。

13

全体が引き剥がしやすいように、前処理をしましょう

尾側から刃を入れて全体の身を引き剥がすので、写真の位置に刃をいれておき、身全体を引き剥がしやすくしておく。

14

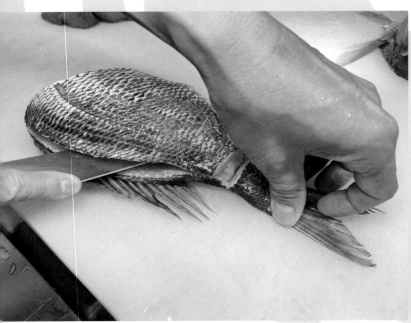

15

尾から刃を入れて
片身を剥がしていこう

ここに至るまでに、かなりてい
ねいに下処理を行っているので、
尾側から背骨に沿って刃を入
れれば、きれいに片身が切り
離せます。

津本式 で処理した魚を手軽にいただく
『長谷川水産』の海鮮丼

https://kanemasa-hasegawa.jp/kaisen/

長谷川水産 海鮮長谷川
■宮崎県宮崎市新別府町前浜1401番9
■TEL：0985-48-6868
■営業時間　11時〜14時 (LO：13時30分)

津本式の考案者である津本光弘さんは現在、
宮崎県の魚卸し『長谷川水産』に所属して、多
くの方に津本式で仕立てた魚を提供されています。
　そんな長谷川水産には外部の人が利用できる
食堂が併設されており、そちらで、津本式で処
理した海鮮丼をいただくことができます。
　こちらの海鮮丼は、処理後に冷蔵庫で数日間
寝かして、提供されているのですが、寝かした
だけでもここまで魚が変わるのかと思わせてく
れる一品なのです。手軽に津本式の効果を体感
できるので、ぜひ、宮崎県にお立ち寄りの際は、
長谷川水産の海鮮丼を食べに出向いてみてくだ
さい。

逆側の身も
基本やりかたは同じ！

半身が切りだせたら、後はいままでのやり方を残りの半身にも行うだけ。まずは、腹側の筋に刃をあてて切り剥がしていく。

16

17

手の圧を少しだけ利用して身を剥がし切りやすくしてみよう

写真のように身に少し手を添えて圧を加えると（強くしすぎないこと）。骨に沿って身が剥がしやすくなります。余裕が出てきたらこういったテクニックを駆使することで、美しく過食部の多い3枚おろしができるようになります。

18

刃の腹で
身をていねいに剥がす

同じように包丁の腹を使って身を切り剥が
していきましょう。

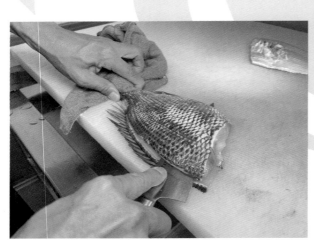

尾側から身を剥がし切る

手順15とやりかたは同じ。尾を抑えて中骨
に沿って身を引き剥がしていく。

19

20

3枚おろしが完成

ここまでが基本の3枚お
ろし。サク身にするには、
腹身をすいて、皮引きな
どの工程が入ってくる。
料理に必要な形に整えて
いこう。

頭を兜割り

本書の調理レシピにも、魚の頭を材料に使う工程は多々でてきます。アラ身として利用することも多いでしょう。そこで、頭を割って二等分してしまう兜割りをおぼえておきましょう。

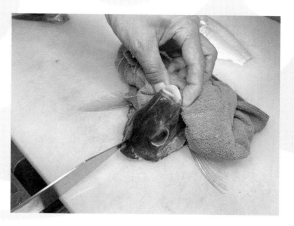

魚の中心は柔らかい！

基本的にどんな魚も、中心部は軟骨になってより刃を入れやすくなっています。簡単に包丁で筋が入るので、そこを狙っていくのがセオリーです。

1

中心に刃を当てて叩き割る！

2

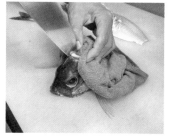

魚の中心に刃を当てて、1度で断ち切るのではなく、刃の腹を使いながら、小刻みに叩いていきましょう。ある程度刃が入ったら強く叩いて割ってしまいましょう。

3

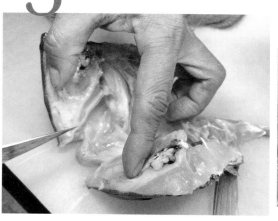

用途に合わせて後処理！

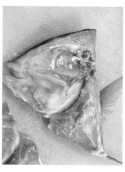

完全に2つに分ける場合も、同じように中心の軟骨を狙って割っていきます。頭を割り切ったら、脳などの内臓を取り除いておけば、出汁などを取るときにも雑味が少なくなります。

魚レシピ

Tsumoto-shiki Revolution Recipe of fish dishes

和食の職人から、イタリアンのシェフ。そして津本式の魚料理研究家の主婦の方までレシピ提供に参画いただきました。比較的細かく作り方については解説しておりますが、慣れている方は慣れている方の方法を取り入れつつ、調理に挑戦してみてください。思った味にならない場合に、細かい所作まで参考にしていただければと思います。

レシピ集の活用法

1週間レシピの指定日は使う魚の熟成度目安。作り方は、パッと見てわかるチャート式採用。

本書は、津本式で寝かた場合の利用タイミングの指標を1〜7日で表記しております。前に日数が浅いほど、新鮮で若い魚向き、日数が経っているほど、寝かせや熟成が進んだ状態の魚向きのレシピとお考えください（文字通りの日数うで合わせる必要はありませんが1週間を区切りとしております）。

そして、作り方については文字だけによる解説ではなく、チャート式を採用しております。

まず左端の『作り方』を参照してください。チャートは上から下に向かって投入する材料や、とるべきアクションを時系列で表記しています。タレや下処理が必要なものは右側に明記し、分解して同じようにチャートで作り方を掲載しております。視覚的に感覚的にレシピに取り組めるようにしています。

レシピ提供者によって、基礎的な調理法の明記、分量の明記がないものもあります。

料理名 ── 木の芽焼き

使用する魚の熟成度の目安

作り方のメインチャート

作り方のサブチャート

鱸
スズキのレシピ

白味で美味しい人気の魚

釣り人にも人気のゲームフィッシュ。キャッチ＆リリース派も多いが、湾内、外海の個体は臭みもなく非常に美味しい魚。釣ったり捕獲したタイミングでの暴れにより、身が痛むことが多かったり、扱うには繊細さが必要ですが、良い個体が釣れればぜひ食してみてほしい魚です。ヒラスズキ、マルスズキ、タイリクスズキが該当種。挙げた順から食味が良い。

築地すしOmakase
How to make sushi
Washoku
YouTube動画チャンネル

築地すしOmakase
参考動画・スズキの3枚卸し

東さんが監修するYou Tubeチャンネル魚の捌き方から、寿司の握り方までさまざまなテクニックを網羅。ぜひ参考にしてみてください。

スズキ/サワラ 担当料理人
東 健志郎 ［あずまけんしろう］

築地すしOmakase
■住所：東京都中央区築地6丁目24-8
■03-6260-6416 ■https://tsukijisushiomakase.com/

18歳より、日本料理店で修行。東京すしアカデミーなど最先端の寿司学校などの講師を経験。そして、海外料理人の教育活動などに精力的に取り組む。現在は築地すしOmakaseなど人気店を経営する職人。津本式も早くから現場に取り入れて活用している。

いろどりユッケ

アラやスキ身で一品
どんなタイミングでも
美味しくいただける

若い魚はしっかりと味付けをして食べたり、食感を楽しむ方向で調理していくというのが、津本式を使った料理人のひとつの方向性。人気の寿司店のシェフが教えてくれた卵黄醤油はさまざまな料理に応用できるレシピです。

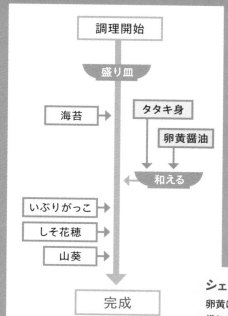

作り方

```
調理開始
  │
盛り皿
  │
  ├── 海苔 ──────┐
  │         タタキ身
  │           │
  │         卵黄醤油
  │           │
  │         和える
  │           │
  │←──────────┘
  │
  ├── いぶりがっこ
  │
  ├── しそ花穂
  │
  ├── 山葵
  │
完成
```

材料　■スキ身やアラ身　■卵黄　■海苔
　　　　■いぶりがっこ　■しそ花穂　■山葵
　　　　■塩　■濃口醤油　■味醂　■日本酒

卵黄醤油

```
                割合
      濃口醤油  1
      煮切味醂  1
卵黄L  煮切酒   1
  │
1～2日
漬ける
  │
完成
```

魚の下処理　**タタキ身**

```
      アラ身 ──┐
              │ 振り塩
      スキ身 ──┤← 塩
              │
      20分脱水
              │
      身を叩く
              │
60g →    完成
```

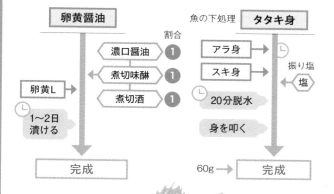

シェフからのアドバイス

卵黄は1～2日、タレに漬け込む必要がありますので事前に準備しておきます。魚の状態(脂が多い少ないなど)を見ながら漬け込む長さは調整しましょう。漬け込む時間が短いと、水っぽくなりやすいことを覚えておきましょう。

鱸 スズキ ｜ 2日目

ポン酢でさっぱり湯引き

魚の旨みをぐっと引き出し、風味をひきたててくれるのが湯引き。刺身とはまた違った味の変化が楽しめます。あらゆる魚に応用可能な調理方法なので、マスターしておきたい料理です。

湯引き温度に注意して、このシンプルな料理の基本を知ろう

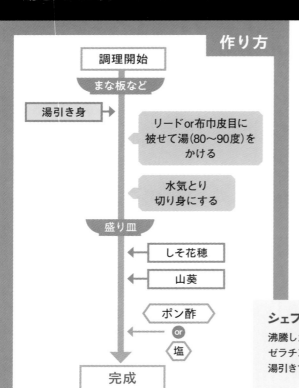

作り方

```
調理開始
  ↓ まな板など
湯引き身 → リードor布巾皮目に
           被せて湯（80〜90度）を
           かける
         ↓
         水気とり
         切り身にする
  ↓ 盛り皿
         ← しそ花穂
         ← 山葵
         ← ポン酢
           or 塩
  ↓
完成
```

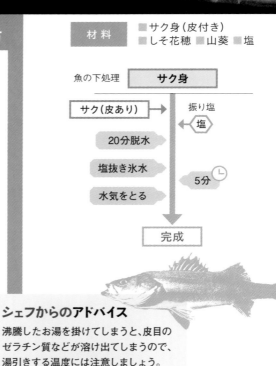

材料　■サク身（皮付き）
　　　■しそ花穂　■山葵　■塩

```
魚の下処理    サク身
サク（皮あり） →        振り塩
                       塩
  ↓
20分脱水
  ↓
塩抜き氷水        5分
  ↓
水気をとる
  ↓
完成
```

シェフからのアドバイス

沸騰したお湯を掛けてしまうと、皮目のゼラチン質などが溶け出してしまうので、湯引きする温度には注意しましょう。

魚の初期の旨みを支配しているのはイノシン酸。そこに昆布のグルタミン酸系の旨みを足すことで、さらに魚に深みが増してきます。3日目ともなれば、そういった旨みが身に馴染み、昆布などの旨みも効率的に作用します。名店の煎り酒レシピと合わせてお楽しみください。

昆布締めも奥が深い！
基本を知ってレベルアップ

昆布締めの煎り酒添え

材料 ■サク身 ■昆布 ■すだち ■梅干し ■山葵
■しそ花穂 ■芽ねぎ ■塩 ■純米酒 ■かつお節

作り方

調理開始
↓
盛り皿

昆布締め
↓
下の身
↓
それをくるりと巻いて形を整える
↑
上の身

← 煎り酒
タレとして皿に注ぐ

← すだち（輪切）

← 山葵
← しそ花穂
← 芽ねぎ
← 泡雪塩
↓
完成

昆布締め

切り身 → 昆布で身を挟む
昆布は酒や酢で拭く方法もある

30〜60分挟む
締める時間はお好みで。昆布の質などでも変化する。時間をかけ過ぎると昆布風味が強くなる

皮引きして8〜10g 3〜7cmにカット
↓
完成

煎り酒

4割程度まで煮詰める
網などで裏漉す
醤油薄口 →
↓
完成

純米酒 360cc
昆布 10g
梅干し(肉) 60g
鰹節 5g

魚の下処理 ｜ 切り身

サク身
振り塩 ← 塩
20分脱水
塩抜き氷水
水気をとる
5分or軽く洗うだけ
↓
完成

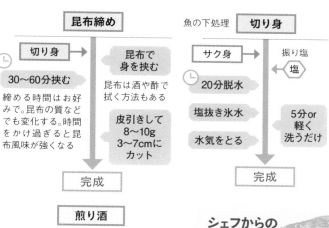

シェフからのアドバイス

昆布を酒や酢で拭くと、身に馴染みやすくなりますが、昆布が乾燥している状態で表面に出ている旨みも利用すると深みがでます。雑味にもなり得るのでお好みでつかいわけ。

鱸 スズキ｜4日目
淡雪塩で飾るコンフィ

4日目ともなると、適切な血抜き処理をしていないと、臭みが出たりすることからそれらに対する工夫が必要になるが津本式なら大丈夫。身に脂が馴染み始めて、寝かせているだけでもここからが美味しくなるタイミング。魚の本来の味を引き立てる、コンフィのような料理が楽しめる頃合いです。

低温調理器がなければ炊飯器で代用。
白味魚に合う定番調理法

作り方

```
調理開始
  │
 バット
  │
サク身
  │
ソミュール液 ──→ 漬け60分
  │                │
取り出し          低温調理用
寝かせ60分        漬け油
  │                │
冷蔵60分           ↓
常温30分前後    ジッパー付き    漬け油の中に
塩をなじませ    ビニール       身を入れる
身のパサつ      orビニール袋
きを抑えしっ
とり仕上げる    低温調理器がない場合は炊
                飯器に水を張って保温モー
                ドを利用しましょう。蓋閉め
                状態で約60度。蓋開け状態
低温調理        で約55度。調理時間も調整し
45度60分        ましょう。温度によって身の
  │            状態が変わるのでお好みで。
  │
カットする ──→ 皮目を炙る(バーナー)
  │
盛り皿
  │
  │ ←── 素揚げ野菜(お好みで)
泡雪塩 ──→     
         └── 黒胡椒
  │
完成
```

材料
■サク身（皮付き）■かぶ ■銀杏
■ししとう ■オリーブ油 ■米油 ■塩
■砂糖 ■芽ねぎ ■淡雪塩 ■黒胡椒

ソミュール液

5〜7%前後に塩分濃度を調整。脂が多い個体や魚種は塩分濃度高めにする

塩 10g 5%
水 200cc
砂糖 5g 2.5%

→ 完成

低温調理用漬け油

オリーブオイル 2
米油 8
割合

→ 完成

魚の下処理 サク身

サク身 ──振り塩── 塩
  │
20分脱水
  │
塩抜き氷水
  │   5分
水気をとる
  │
完成

シェフからのアドバイス

炊飯器を使って調理する場合は、蓋を閉じて保温のお湯の温度が60度。蓋を開けて保温が55度前後と覚えておきましょう。

鱸 スズキ | 5日目

余すことなく、魚を使い切る。
潮汁に溢れる旨みを堪能しましょう。

応用自在の潮汁

ぎゅっと旨みが凝縮された
アラ身を、昆布出汁で煮る
ことで、絶品の潮汁ができ
あがる。潮汁はあらゆる魚
に応用できるので、ぜひプ
ロのレシピを覚えてランク
アップしてください。

材料	■アラ身 ■昆布 ■塩 ■酒 ■三つ葉

作り方

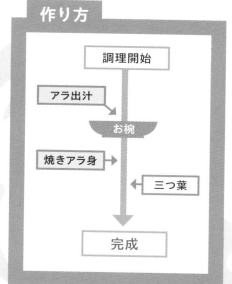

調理開始

アラ出汁

↓

お椀

焼きアラ身 → ← 三つ葉

↓

完成

魚の下処理

アラ身

アラ身 →
← 塩

⏱ 20分脱水

洗う

水気をとる

↓

完成

焼きアラ身

アラ身 →

天火で焼く

焦げ味出る手
前、キツネ色に
なるように焼く

↓

完成

アラ出汁

100% 焼きアラ身 →
水 魚の重さの
倍の量

3% 12g 昆布
200cc

5〜10%
10〜20cc 酒

1%くらいの
塩分濃度に
なるように
煮詰める

強火→弱火

中火→コポコポ
炊きくらいで昆布
抜き灰汁をすくう

塩味が足りない
場合は塩をたす

↓

完成

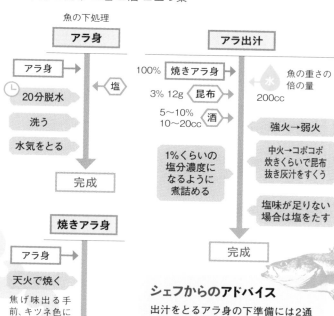

シェフからのアドバイス

出汁をとるアラ身の下準備には2通
りあり、今回は身の塩味を残す方向で
処理しています。しっかりと流水で身
を洗い、塩味を抜く方法もあります。

魚の旨みをぐっと引き出し、風味をひきたててくれるのが湯引き。刺身とはまたちがった味の変化が楽しめます。あらゆる魚に応用可能な調理方法なので、マスターしておきたい料理です。

余すことなく、魚を使い切る。
潮汁に溢れる旨みを堪能しましょう。

きのこの旨みしゃぶしゃぶ

材料 ■アラ身 ■切り身 ■舞茸 ■白ねぎ ■蕪菜 ■柚子 ■昆布 ■塩 ■七味

作り方

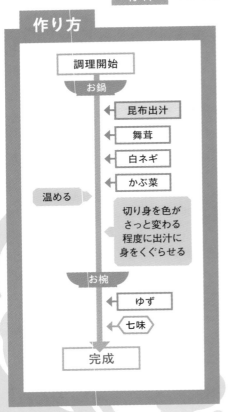

調理開始
お鍋
← 昆布出汁
← 舞茸
← 白ネギ
← かぶ菜
温める →
切り身を色がさっと変わる程度に出汁に身をくぐらせる
お椀
← ゆず
← 七味
完成

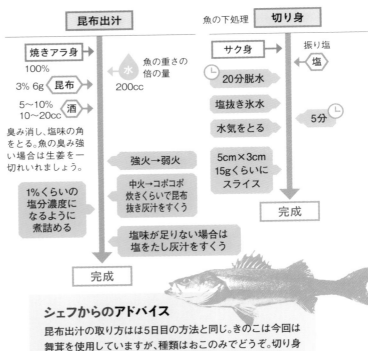

昆布出汁

焼きアラ身 100%
3% 6g 昆布
5〜10% 10〜20cc 酒

臭み消し、塩味の角をとる。魚の臭み強い場合は生姜を一切れいれましょう。

1%くらいの塩分濃度になるように煮詰める

魚の重さの倍の量
水 200cc

強火→弱火

中火→コポコポ炊くくらいで昆布抜き灰汁をすくう

塩味が足りない場合は塩をたし灰汁をすくう

完成

魚の下処理 **切り身**

サク身
振り塩 ← 塩
🕐 20分脱水
塩抜き氷水
水気をとる 🕐 5分
5cm×3cm 15gくらいにスライス

完成

シェフからのアドバイス

昆布出汁の取り方は5日目の方法と同じ。きのこは今回は舞茸を使用していますが、種類はおこのみでどうぞ。切り身はちょっと厚めの刺身サイズくらいを目やすにしましょう。

牡蠣の旨み溢れるソースで
焼き物がランクアップ！

鱸 スズキ | 7日目

ソテー牡蠣とほうれん草のソース

寝かせたり、熟成したりした魚は刺身などの生で食べてみたい！と思いがちだが、実はこのタイミングは焼きなど、加熱する調理との相性がいい。魚の旨みがより強く現れてパンチが増す。牡蠣とほうれんそうのソースに使う野菜は季節の旬の野菜、例えば春菊などに変えてみても風味が変わっておもしろい。

材料 ■サク身 ■木の芽 ■ほうれん草 ■牡蠣(加熱用) ■クレソン ■舞茸
■白ねぎ ■ししとう ■小麦粉 ■片栗粉 ■バター ■ポン酢 ■醤油薄口 ■塩 ■胡椒

作り方

調理開始

- さく身を食べやすいサイズにカット
- 皮に切り込みを入れ、縮まないようにする

油 or オリーブオイル

フライパン

中火

皮面のほうからパリっと焼く(ちょっと押さえ込む)

- 8割火入れたら裏面焼き
- 裏面に7割火が入ったら一気に強火
- フライパンから煙が出たら酒を少量いれる

野菜を一緒に火入れ
- 舞茸
- 長ネギ
- ししとう

バター 少量

少量 醤油

盛り皿

- クレソン
- 焼き舞茸
- 焼き長ネギ
- 焼きししとう
- ソテー切り身
- 牡蠣とほうれん草のソース

完成

揚げ粉

粉ふるいで切り身にかけるもしくはハケで塗る

魚の下処理 | **サク身** | **揚げ粉**

サク身

サク身 → 振り塩 塩
- 20分脱水
- 塩抜き氷水
- 水気をとる
- 10分胡椒をなじませる

3～5分塩気残す

胡椒を両面パラパラとふりかける 胡椒

完成

揚げ粉
- 小麦粉 1
- 片栗粉 1

割合

完成

牡蠣とほうれん草のソース

350g **加熱用牡蠣**
- 2%食塩水で95度以上20分ボイル
- ざるで水気切る

200g **ほうれん草**
- 茎部分をボイル
- 葉は5秒だけボイル
- ざるで水気切り粗熱とる

醤油薄口 30g — ポン酢 40g — バター 20g

フードプロセッサに掛ける

完成

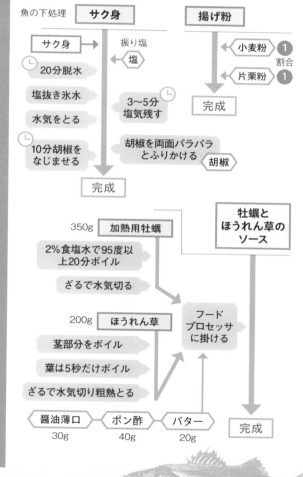

シェフからのアドバイス

魚の下処理時に重さに対して1%程度の塩味を残すようにするといいです。加減がわからない場合はビニールなどに1%の割合で塩と身を入れてそのまま馴染ませましょう。

革命 魚レシピ | 041

山椒の香りで食欲そそる
スズキのアラ焼き

鱸 スズキ ｜ 7日目

木の芽焼き

アラ身もしっかりと食べ尽くす。むしろ、美味しい部分でもありますので、無駄にせずにいただきましょう。7日目の焼き物と設定してはいますが、若い（寝かせの日にち、熟成の日にちが浅い）状態でも試してみたい料理です。

材料　■アラ身 ■木の芽（山椒の若葉）■銀杏 ■蕗味噌
　　　■赤蕪のおしんこ ■塩 ■濃口醤油 ■味醂 ■酒

作り方

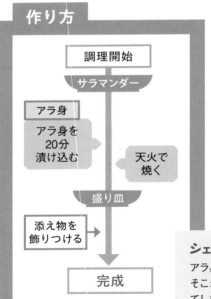

```
調理開始
  │ サラマンダー
アラ身
  │
アラ身を
20分
漬け込む  ──→ 天火で
              焼く
  │ 盛り皿
添え物を
飾りつける ──→
  │
完成
```

焼きダレ

木の芽を
ペースト状
にして
20分漬ける
　　│
　　割合
濃口醤油 ①
味醂 ①
酒 ①
　　│
完成

魚の下処理　アラ身

アラ身 ──→ 振り塩
　　　　　　塩
20分脱水
　　　　　15分
　　　　　流水で
　　　　　塩気とる
水気をとる
　　│
完成

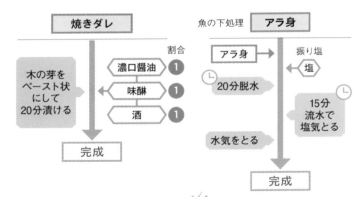

シェフからのアドバイス

アラ身の処理は、塩気を完全に抜く下処理をします。塩を充てて20分。そこから、15分間しっかり身を流水に晒し、元々の塩味も含めて抜いてしまいます。これによりアラ身にしっかりとタレによる味を入れ、魚の風味を引き立てます。余談ですが、先に紹介した潮汁などではアラ身の塩味をあまり抜かずに使っていました。これはアラ身も合わせていただく場合などには有効です。この木の芽焼き同様の下処理をした場合は、味付けの塩の量で、塩味を自身で調整できるという利点もありますので、どちらの下処理をするかは状況に合わせてとなります。

鰆 サワラのレシピ

津本式で化ける代表魚

幼魚となるサゴシも、大きくなったサワラも、本来なら鮮度維持が難しい魚。早い段階で処理を行い、早めに食べるのが鉄則。しかし、津本式処理で仕立てられれば、5〜7日寝かせてからが本番。料理のレパートリーも増え、この魚の美味しさの全貌が見えてきます。

築地すしOmakase
How to make sushi
Washoku
YouTube動画チャンネル

築地すしOmakase
参考動画・サワラの3枚卸し

東さんが監修するYou Tubeチャンネル魚の捌き方から、寿司の握り方までさまざまなテクニックを網羅。ぜひ参考にしてみてください。

鰆 サワラ｜1日目

サワラの炙り

ひと手間かければ炙りも変わる！

ただ3枚に魚をおろして、バーナーで炙る。それをお好みのタレでいただくのもいいですが、少しだけ手間をかけると刺身や炙りでさえ味変します。今回は築地の人気店の煎り酒レシピで、いただいてみませんか？

材料

- サク身 ■ 辛味大根 ■ 柚子
- 山葵 ■ 純米酒
- 昆布 ■ 梅干し ■ 鰹節 ■ 塩 ■ 薄口醤油

作り方

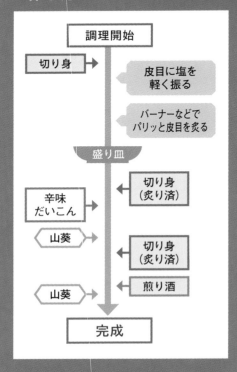

調理開始

切り身 → 皮目に塩を軽く振る
→ バーナーなどでパリッと皮目を炙る

盛り皿

辛味だいこん → 切り身（炙り済）

山葵 → 切り身（炙り済）

山葵 → 煎り酒

完成

魚の下処理　**サク身**

- 3枚おろし
- 20分脱水 ← 振り塩　塩
- 塩抜き氷水
- 水気をとる ← 5分
- 刺身にする前に血合骨を切り外す

完成

昆布を抜くパンチを出したい場合はそのまま

煎り酒

- 昆布　10g
- 鰹節　5g
- 梅干し(肉)　60g
- 純米酒　360cc
- 4割程度まで煮詰める　調整で薄口醤油少々
- 細かめの網で裏漉す

完成

人気店のしゃりレシピ公開?? 赤酢で楽しむにぎり。

サワラのにぎり

にぎり方

築地omakaseのしゃりレシピと、一般で握る場合のしゃりレシピを掲載しております。お好みでどうぞ。どんな料理もそうですが、基本的に魚には下処理が入ることがほとんどです。もちろん、おろしただけのそのままの身を使ってもいいですが、そのひと手間だけで、魚がさらに美味しくなります。

材料
- サク身 ■ 山葵
- 三ツ判山吹（ミツカン）
- 業務用山吹（ミツカン）
- 優選（ミツカン）■ 米酢
- 粗塩 ■ 上白糖 ■ お米

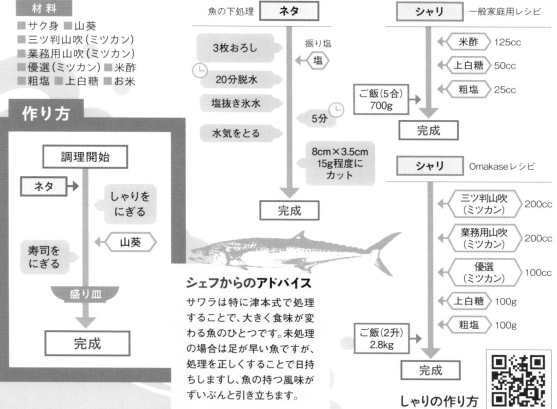

魚の下処理 → **ネタ**

- 3枚おろし
- 20分脱水
- 塩抜き氷水
- 水気をとる

振り塩
塩

5分

8cm×3.5cm
15g程度に
カット

完成

シャリ 一般家庭用レシピ

- 米酢 125cc
- 上白糖 50cc
- 粗塩 25cc

ご飯（5合）700g

完成

シャリ Omakaseレシピ

- 三ツ判山吹（ミツカン） 200cc
- 業務用山吹（ミツカン） 200cc
- 優選（ミツカン） 100cc
- 上白糖 100g
- 粗塩 100g

ご飯（2升）2.8kg

完成

しゃりの作り方

作り方

調理開始

ネタ → しゃりをにぎる

山葵

寿司をにぎる

盛り皿

完成

シェフからのアドバイス
サワラは特に津本式で処理することで、大きく食味が変わる魚のひとつです。未処理の場合は足が早い魚ですが、処理を正しくすることで日持ちしますし、魚の持つ風味がずいぶんと引き立ちます。

こちらの漬け醤油は、他の料理にも転用できる優れもの。魚の下準備、漬け醤油作り、そして漬け身をつくり、松前昆布やスルメなどを添えて楽しみましょう。通常の処理ならば、3日目くらいから生臭さが気になりだすサワラですが、津本式ならばまだまだ大丈夫。こういった風味を楽しむ料理が楽しめます。

サワラの松前漬け

美味しさを引き上げる
漬け醤油のレシピを知ろう

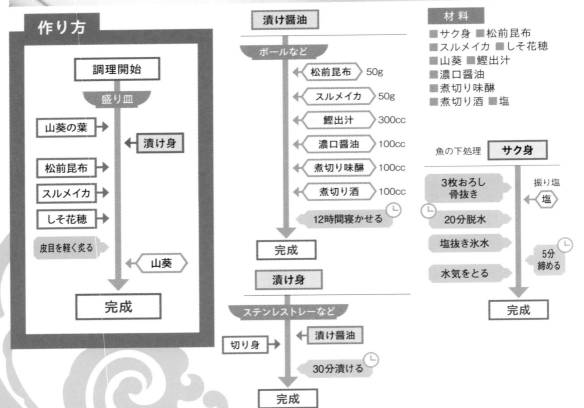

作り方

調理開始
↓ 盛り皿
山葵の葉 →
← 漬け身
松前昆布 →
スルメイカ →
しそ花穂 →
皮目を軽く炙る
← 山葵
完成

漬け醤油
↓ ボールなど
← 松前昆布 50g
← スルメイカ 50g
← 鰹出汁 300cc
← 濃口醤油 100cc
← 煮切り味醂 100cc
← 煮切り酒 100cc
12時間寝かせる
完成

漬け身
↓ ステンレストレーなど
切り身 →
← 漬け醤油
30分漬ける
完成

材料
■サク身 ■松前昆布
■スルメイカ ■しそ花穂
■山葵 ■鰹出汁
■濃口醤油
■煮切り味醂
■煮切り酒 ■塩

魚の下処理 **サク身**
3枚おろし
骨抜き
振り塩
← 塩
20分脱水
塩抜き氷水
5分
締める
水気をとる
完成

鰆 サワラ｜4日目

サワラの生ハム

食品用脱水シート
『ピチットシート』を使って魚ハムを作ろう

シェフの東さんは、荒巻鮭を作るときと同等の方法も教えてくれたが、一般向けにとピチットシートのレシピも紹介してくれた。どんな魚にも転用できるが、比較的可食部が多い大型の魚で試してみましょう。サワラは魚ハムの素材としてはうってつけです。

作り方

```
        調理開始
          │
     ステンレストレー
          │
  ┌───────┴───────┐
サク身 ──→ ソミュール液
  │           │
水気をとる   60分漬ける ⏱
  │           │
食品用脱水シート   120〜180分
（ピチットシート/   冷蔵庫で寝かせる ⏱
オカモト株式会社）   塩を均等に身にまわす
を当てる
  │      ピチットシートはノ
  │      ーマルなら2〜3時
所定の時間   間。マイルドなら12
ピチットシートで  時間。サクの大きさ
くるむ     や状態で判断
  │
水気をとる   皮目を焦がさない
  │      ように炙る
薄くカットする
  │
     盛り皿
          │
        完成
```

材料　■サク身 ■塩 ■砂糖 ■ハーブ各種
　　　■ピチットシート（オカモト）

```
        ソミュール液
          │         塩
  5〜7%前後に塩分        12g
  濃度を調整。脂が多   水 ←
  い個体や魚種は塩   200cc   砂糖
  分濃度高めにする          5g
          │
      ハーブ類は
      ここで投入
      お好みで
          │
        完成
```

```
魚の下処理   サク身
  │          │ 振り塩
3枚おろし         塩
骨抜き
  │
20分脱水 ⏱
  │
塩抜き氷水
  │          5分 ⏱
水気をとる
  │
        完成
```

サワラのかまぼこ

身が余るなら、
自家製のかまぼこを
作るという贅沢

材料としては、筋っぽい身の部分や尾に近い部分などを利用するとよいでしょう。骨についた身などをスプーンで剥がして使ってもOKです。身の裏漉しなどには時間はかかりますが、余すことなく魚を食べ切るために覚えておいても損はないレシピです。サワラ以外にも応用できます。

作り方

調理開始

サク身 → かまぼこに使う身は、スキ身、しっぽ側の身、スジの強い部分がおすすめ。むき身などの端材部分で十分。

身を叩く

布巾に包んで身をザルで洗う

サラシで水を切る

当たり鉢

当たり鉢でこれでもかと練る ← 塩 身500gに対して3%(15g)

つなぎで片栗粉入れる
粉ふるいで少量入れる

砂糖 身500gに対して3%(15g)
味醂 甘味調整

ミンチになった身を裏漉しする

薄口醤油 塩味調整

かまぼこ板にのせる

蒸し器

20〜30分蒸す

氷水でしめる

盛り皿

山葵 ← 山葵の葉

完成

材料

■サク身 ■山葵の葉 ■山葵
■塩 ■味醂 ■薄口醤油

魚の下処理 **サク身**

3枚おろし骨抜き ← 塩 振り塩

20分脱水

塩抜き氷水

5分

水気をとる

完成

シェフからのアドバイス

味付けに使う味醂や醤油は、甘みの調整や塩味の調整に使います。味見をしながら、魚の状態に合わせてお好みの加減にしていきましょう。

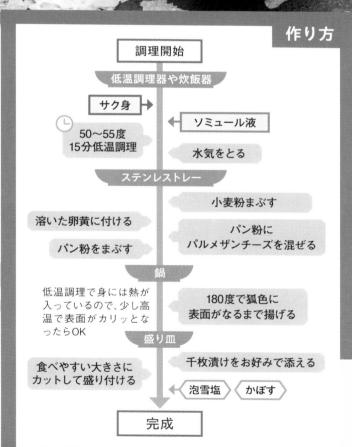

低温調理で旨みを閉じ込め、
さっと揚げれば絶品カツに!

鰆 サワラ ｜ **6日目**

サワラカツ

スズキのコンフィに使ったテクニックを応用(P38)。サワラを低温調理で下処理して、さっと揚げてください。サワラも6日目ともなると、脂や旨みがしっとりと身に行き渡り、その旨みを感じやすくなります。味はしっかりしていますので、淡雪塩に柑橘の風味を添えて食べるだけで満足できるはずです。

材料

- サク身 ■ 小麦粉 ■ パン粉
- パルメザンチーズ ■ 淡雪塩
- かぼす ■ 千枚漬け(お好みで)
- 牡蠣のソース(お好みで) ■ 塩 ■ 砂糖

作り方

調理開始

低温調理器や炊飯器

サク身 → ← ソミュール液

- 50〜55度 15分低温調理
- 水気をとる

ステンレストレー

小麦粉まぶす

溶いた卵黄に付ける

パン粉にパルメザンチーズを混ぜる

パン粉をまぶす

鍋

低温調理で身には熱が入っているので、少し高温で表面がカリッとなったらOK

180度で狐色に表面がなるまで揚げる

盛り皿

食べやすい大きさにカットして盛り付ける

千枚漬けをお好みで添える

← 泡雪塩 かぼす

完成

ソミュール液

5〜7%前後に塩分濃度を調整。脂が多い個体や魚種は塩分濃度高めにする

塩 12g

水 200cc

砂糖 5g

完成

魚の下処理 **サク身**

- 3枚おろし 骨抜き

振り塩 塩

- 20分脱水
- 塩抜き氷水

5分

- 水気をとる

完成

シェフからのアドバイス

添え物の、千枚漬けにはP41スズキの7日目のレシピで紹介した牡蠣とほうれん草のソースにマスカルポーネチーズを1：1の同量で和えたソースを挟んでいます。

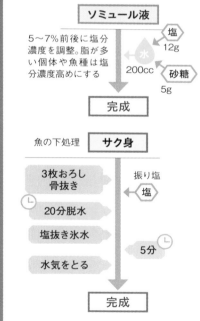

鰆 サワラ　7日目

サワラの西京焼き

定番の西京焼きをこだわりをもって調理する

作り方を一見すると、複雑に見えるかもしれませんが、調味したお味噌に直接身を漬け込まないというのがポイント。せっかく寝かせや熟成で増した旨みをしっかり閉じ込めるために、ガーゼに挟んだ上で、味噌の風味を身に与えます。

材料 ■サク身 ■西京味噌 ■酒粕 ■煮切り味噌 ■煮切り味醂 ■塩 ■粗塩

作り方

調理開始

→ **サク身**

サク身を60gくらいにカット

ステンレストレー

容器に味噌をひく

ガーゼをひく

カットした身をひく

その上にガーゼをひく

ガーゼの上に味噌をひく

ガーゼの場合12時間つけこむ

味噌に直接身を入れる方法もあります。その場合は6時間の漬け込みでOK。旨みをしっかり保ちたいなら、ガーゼを使う方法を試してください!

フライパン 脂により個体差あり

焦げ目つかないように焼く

完成

魚の下処理　サク身

3枚おろし骨抜き

振り塩 塩

20分脱水

塩抜き氷水

5分

水気をとる

完成

味噌だれ

混ぜるだけ

西京味噌 200g

粗塩 10g

煮切り味醂 10g

煮切り味醂 25g

酒粕 10g

完成

シェフからのアドバイス

調味したお味噌に直接漬け込むのがダメなわけではありません。後処理で味噌を取ったり洗ったりする工程で旨みが逃げてしまうので、ガーゼで挟み込んで漬け込むことで、そういった工程を取らずに済みます。

鮎魚女
アイナメのレシピ

近年人気のロックフィッシュ。上品な白身魚

どちらかというと、日本海や北海道、東北沿岸で水揚げされたり、釣られたりすることが多い魚。白味でタンパクだが、脂が良くのり、食味が良いことで知られている。近海での漁獲量が減っており、しっかりとした資源管理が望まれる魚でもある。

アイナメ／タチウオ 担当料理人
白山 洸 [しらやまあきら]

熟成鮨 万(よろず)
■住所：東京都渋谷区東4丁目6-5 ヴァビル301
■電話：050-5357-2320 ■ https://www.instagram.com/aging_yorozu

津本式解説書である『津本式と熟成』（内外出版社）内で熟成技術について解説。経営する鮨店が欧州のグルメガイドブックに掲載されたりと、注目を集める若手職人。その腕が認められ、海外での活動も視野に現在奔走中。津本式はもちろん、熟成技術、調理技術とも日夜探求し、さらなる進歩を目指している。

どの工程でもほぼ入ってくる魚の下処理ですが、基本は脱水やそれによる臭みの除去、旨みの凝縮などが目的です。もともと津本式で処理した魚は、血抜きの効果で臭みが抑えられていますし、こういった下処理を施すことで、生臭さなどがより抑えられます。湯霜などのシンプルな料理も、魚本来の香りや旨みが引き立ってきます。

白山流は素材の味を生かすこと

アイナメ湯霜づくり

材料 ■サク身 ■すだち ■塩 ■昆布 ■酒

作り方

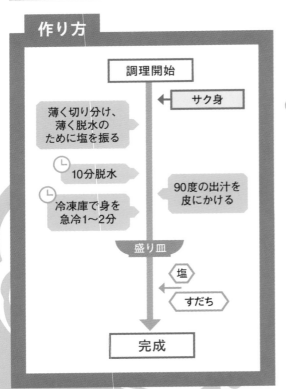

シェフからのアドバイス

以前は、魚の下処理をする際に、冷水で洗い流すことをやっていましたが、塩の量をより少なくして（魚の状態でコントロールして）、最近は脱水時の水と塩をペーパーなどで拭き取り、ふるい落とすにとどめています。いろいろ試してみてください。

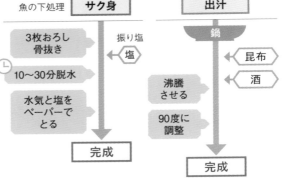

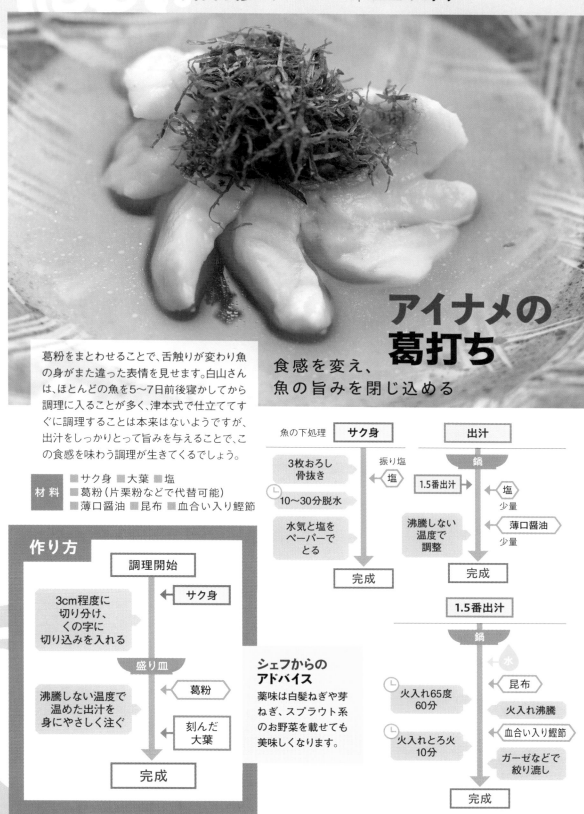

アイナメの葛打ち

食感を変え、魚の旨みを閉じ込める

葛粉をまとわせることで、舌触りが変わり魚の身がまた違った表情を見せます。白山さんは、ほとんどの魚を5〜7日前後寝かしてから調理に入ることが多く、津本式で仕立ててすぐに調理することは本来はないようですが、出汁をしっかりとって旨みを与えることで、この食感を味わう調理が生きてくるでしょう。

材料　■サク身　■大葉　■塩　■葛粉（片栗粉などで代替可能）　■薄口醤油　■昆布　■血合い入り鰹節

作り方

魚の下処理 → **サク身**

- 調理開始
  - ← サク身
  - 3cm程度に切り分け、くの字に切り込みを入れる
- 盛り皿
  - ← 葛粉
  - ← 刻んだ大葉
- 沸騰しない温度で温めた出汁を身にやさしく注ぐ
- **完成**

サク身

- 3枚おろし 骨抜き
  - 振り塩 ← 塩
- 10〜30分脱水
- 水気と塩をペーパーでとる
- **完成**

出汁

鍋

- 1.5番出汁 ← 塩 少量
  - ← 薄口醤油 少量
- 沸騰しない温度で調整
- **完成**

1.5番出汁

鍋

- 火入れ65度 60分
  - ← 水
  - ← 昆布
  - 火入れ沸騰
  - ← 血合い入り鰹節
- 火入れとろ火 10分
  - ガーゼなどで絞り漉し
- **完成**

シェフからのアドバイス

薬味は白髪ねぎや芽ねぎ、スプラウト系のお野菜を載せても美味しくなります。

アイナメの**唐揚げ**

油温を少し変化させて、
カラッと美味しく揚げましょう

定番の唐揚げですが、各調理人によりちょっとした小技が光ります。白山さんは衣用の小麦粉も少しだけ手間をかけ下処理したものを使うこと、そして揚げるときに少しだけ油温を調整するなどして、カラッと美味しく仕上げるのです。こういった小技にぜひ注目してください。

作り方

材 料　■サク身　■すだち　■油　■塩　■小麦粉

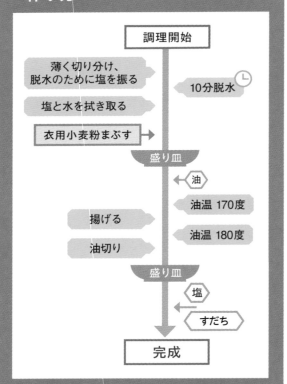

調理開始

薄く切り分け、脱水のために塩を振る

10分脱水

塩と水を拭き取る

衣用小麦粉まぶす

盛り皿

← 油

油温 170度

油温 180度

揚げる

油切り

盛り皿

← 塩

← すだち

完成

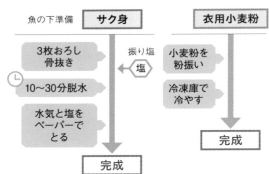

魚の下準備　**サク身**　　　　**衣用小麦粉**

3枚おろし骨抜き　　振り塩 ← 塩

10〜30分脱水

水気と塩をペーパーでとる

完成

小麦粉を粉振い

冷凍庫で冷やす

完成

シェフからのアドバイス

170度で揚げて、軽い音がするか、箸で持ち上げジリジリとした振動がきたら油温を180度に揚げて、油を切ってください。

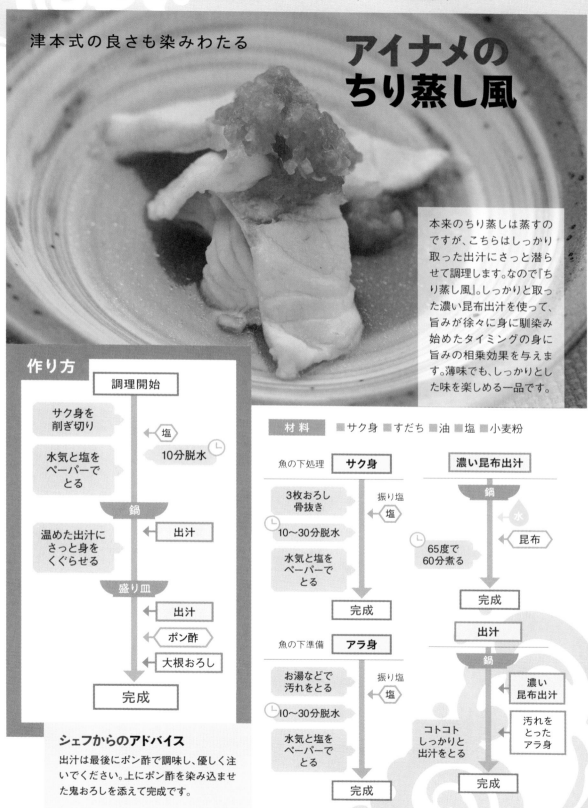

津本式の良さも染みわたる

アイナメの ちり蒸し風

本来のちり蒸しは蒸すのですが、こちらはしっかり取った出汁にさっと潜らせて調理します。なので『ちり蒸し風』。しっかりと取った濃い昆布出汁を使って、旨みが徐々に身に馴染み始めたタイミングの身に旨みの相乗効果を与えます。薄味でも、しっかりとした味を楽しめる一品です。

作り方

調理開始
↓
サク身を削ぎ切り
← 塩
10分脱水 🕐
水気と塩をペーパーでとる
↓
鍋
温めた出汁にさっと身をくぐらせる
← 出汁
↓
盛り皿
← 出汁
← ポン酢
← 大根おろし
↓
完成

シェフからのアドバイス

出汁は最後にポン酢で調味し、優しく注いでください。上にポン酢を染み込ませた鬼おろしを添えて完成です。

材料 ■サク身 ■すだち ■油 ■塩 ■小麦粉

魚の下処理 | **サク身**
3枚おろし骨抜き
🕐 10〜30分脱水
水気と塩をペーパーでとる
← 振り塩 塩
↓
完成

魚の下準備 | **アラ身**
お湯などで汚れをとる
🕐 10〜30分脱水
水気と塩をペーパーでとる
← 振り塩 塩
↓
完成

濃い昆布出汁
鍋
← 水
← 昆布
🕐 65度で60分煮る
↓
完成
↓
出汁
↓
鍋
← 濃い昆布出汁
← 汚れをとったアラ身
コトコトしっかりと出汁をとる
↓
完成

調理そのものは非常に簡単。醤油麹をつくり、そのタレに絡めて麹と山椒でいただくだけ。ただ、醤油麹は最低でも4〜5日は毎日しっかりと常温下でかき混ぜて空気に触れさせることで旨みが増してきます。醤油麹は作ってしまえば、魚以外にも使える万能旨み調味料になります。

アイナメの醤油麹和え

しっかり寝かせて麹の旨みで、パワーアップ

材料
■サク身　■塩　■醤油
■生米麹　■山葵

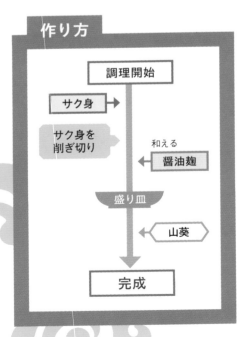

作り方

調理開始
↓
サク身 →
サク身を削ぎ切り ← 醤油麹　和える
↓
盛り皿
↓
← 山葵
↓
完成

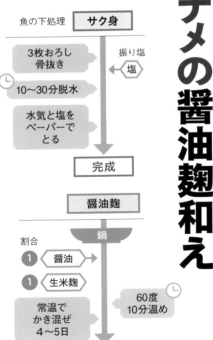

魚の下処理　サク身
↓
3枚おろし骨抜き　← 振り塩　塩
↓
10〜30分脱水
↓
水気と塩をペーパーでとる
↓
完成

醤油麹
↓
鍋
割合
① 醤油 →
① 生米麹
↓
60度10分温め
常温でかき混ぜ4〜5日
↓
完成

どんな魚でもアレンジ可能。下処理をしっかりしておきましょう

シンプルなめろう

身を叩いて、薬味と黄卵を混ぜ、それをさらにタタく。工程としてはこれだけ。あとはお好みの醤油でいただくだけ。薬味のアレンジで、バリエーションも広がります。アイナメはただでさえ臭みが出やすい魚ですので、寝かせや熟成を意識するなら、ていねいに処理しておくことをお勧めします。

作り方

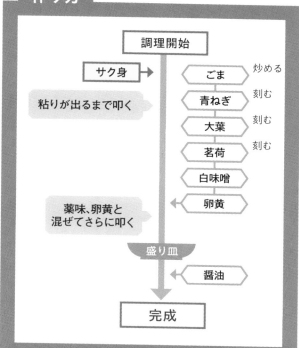

```
調理開始

サク身 ──→   ◇ ごま      炒める
                ◇ 青ねぎ    刻む
粘りが出るまで叩く ──→   ◇ 大葉      刻む
                ◇ 茗荷      刻む
                ◇ 白味噌
薬味、卵黄と    ←──   ◇ 卵黄
混ぜてさらに叩く

        盛り皿
            ←── ◇ 醤油

        完成
```

材 料　■サク身 ■ごま ■青ねぎ
■大葉 ■茗荷 ■白味噌 ■卵黄

魚の下処理　**サク身**

3枚おろし
骨抜き　　　　　　振り塩
　　　　　　←── ◇ 塩
10〜30分脱水

水気と塩を
ペーパーで
とる

完成

アイナメの中落ち茶漬け

出しをアラ身からしっかり取って、風味と一緒にいただきましょう

アラは軽くお湯などに通して洗っておき、昆布と一緒にコトコトとしっかりと出汁をとります。薄口醤油で味を整え、茶葉といっしょに煮出せばほぼ完成。身はさっと出汁に潜らせて火を通し、ご飯に盛り付け。薬味を添えてあとは出汁をたっぷりかけていただきます。

材料 ■サク身、アラ身 ■大葉 ■山葵 ■塩 ■昆布 ■薄口醤油

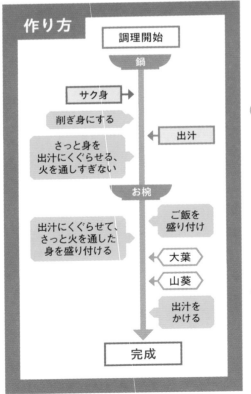

作り方

調理開始
↓
鍋
サク身 →
削ぎ身にする
← 出汁
さっと身を出汁にくぐらせる、火を通しすぎない
↓
お椀
出汁にくぐらせて、さっと火を通した身を盛り付ける
ご飯を盛り付け
← 大葉
← 山葵
出汁をかける
↓
完成

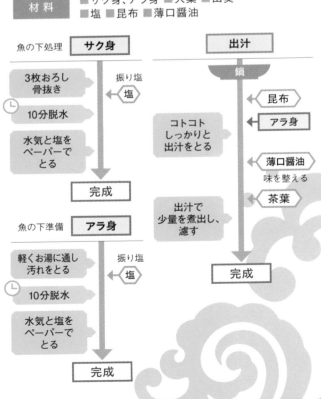

魚の下処理 サク身
3枚おろし 骨抜き
← 振り塩 塩
⏱ 10分脱水
水気と塩をペーパーでとる
↓
完成

魚の下準備 アラ身
軽くお湯に通し汚れをとる
← 振り塩 塩
⏱ 10分脱水
水気と塩をペーパーでとる
↓
完成

出汁
鍋
← 昆布
← アラ身
コトコトしっかりと出汁をとる
← 薄口醤油
味を整える
← 茶葉
出汁で少量を煮出し、濾す
↓
完成

包丁で変わる
研ぎで変わる
魚の味

白山 洸 ［熟成鮨 万］

本書でも惜しみなくレシピを紹介してくれた、白山洸さんは新進気鋭の鮨職
人。古くから熟成魚に取り組み、津本式に出会うことで、さらなる進化を料理
に与えた。『津本式と熟成』（内外出版社発刊）では、その熟成技術の基本
を公開し、なおも新しい方法で調理に取り組んでいる。そんな勉強家であり、
こだわりの人の包丁へのこだわり、特に研ぎのこだわりに注目してみたい。

日本の包丁の凄さは、研ぐことを極めることでもわかってくる

　そもそも、包丁の良し悪しで、食材の味、もとい魚の味は変わるのだろうか。この問いについては日本料理に精通した料理人の多くが、「明らかに変わる」と語られることが多い。

　捌くための包丁、骨を断つための包丁、身を切りつけるための包丁。魚の種類によっても使い分けが必要な場合もある。とにかく日本人は、独自の包丁文化を持ち、その奥の深さは、世界一といっても過言ではないだろう。

　今回、お話を聞いた白山洸さんも、自分の使う包丁に関して、尋常ならざるこだわりがある料理人のひとりだ。

　そして、それに匹敵するぐらい、包丁の手入れの主軸となる『研ぎ』の技術に注目している料理人でもある。包丁というのは、ただ鋭利であればいいというものではない。

　「僕は包丁を研ぐ時、使う包丁の用途によって研ぎ方を変えていきます。例えばなんですが、目の細かい研ぎ石を使って仕上げれば、カミソリのように鋭い、包丁を研ぎあげることができるんですが、切れ味はよくても、食材への食い込みが悪くなったりするんですよね。切り付けていくのにストロークが必要になる。包丁の刃は、そうですね刃先を顕微鏡で見ると、細かな鋸のようになっているのですが、当然そのピッチが細くなるから、身への食い込みは良くないわけです。ですが、切った部分を鋭利に切断

して閉じることができますので、刺身などの切り付けなどには向いているということになります。刺身などの切り付けに使う包丁といえば、もうお分かりかと思いますが、刃が長く、性能を発揮するのにストロークが必要な柳葉包丁というわけです。つまりそういう包丁にはそういう包丁に向いた研ぎ方や、砥石の選び方というのがあります」

　和包丁には、出刃包丁もあれば、柳刃包丁もある。そして牛刀もある。魚に合わせた形の特殊な包丁も存在する。

　「なので、まず、研ぐにしても用途に沿った研ぎ方があることはわかりますよね。僕は包丁を研ぐ時に、かなり多くの砥石を用意します。粗いところからでいくと320番、600番、1000番、2000番、3000番、5000番、6000番、8000番。それに天然砥石が2本。柔らかいのと硬いの。あと、砥石は常に平にしておかないと、研石の形に包丁がなってしまいますので、砥石を平に調整するためのダイヤモンド砥石も用意しますね」

　当初、白山さんの包丁の研ぎ方を、本書で紹介しようかと考えていたが、これはコラムでさっと紹介するには奥が深すぎる。100円包丁を切れるようにする研ぎ方の紹介は簡単だが、和包丁をちゃんと役割に沿って切れる包丁にする研ぎ方については、かなりのページ枠を必要としてししまう。

ともあれ、本書で紹介する津本式しかり、そこまで研ぎにこだわりがあり、食材、魚に対して最善を求め続けている料理人がいるという事実に、多くの人に気づいてほしいのだ。こういったこだわりを持っている日本の料理人は白山さんに限らず他にもたくさんいるはずだ。だからこそ、こういった職人さんたちの作る料理の価値をしっかりと見つめ直して欲しいのだ。

とはいっても、白山さんがどのように包丁を研いでいるか、触りだけ知りたいと思う人も多いことだろう。残された文字枠で、可能な限り解説したいと思う。
「では、今回は魚の骨とかを捌く出刃包丁で手順をざっくり解説させてもらいますね」
（1）1000番もしくは6000番で裏を研ぐ
「実は包丁と言うと刃先や切刃、しのぎなどを研ぐことに目がいきがちですが、裏をちゃんと研いでいないと意味がないんです。裏の刃先の部分が簡単に言うと線として機能するように凹凸を綺麗にとりのぞくこと、そして、裏のその部分も磨げないと食材がそこでひっかかって台無しになりますからね」
2) 320番で送り研ぎしていく
「基本的には元の包丁の形に研いでいくというのが基本です。ざっくり言うと切刃の形に研ぎ整えていきます。これを頭に入れながら、刃先→切刃→シノギと研いでいくんですが、その時に重要なのは研ぎ方。良く指の腹で刃を抑えて研ぐ方がいますが、そうではなくて、指の先、もっというと指先の骨で点で刃を抑えながら研いでいってください。点で丁寧に切先から、アゴの方に送りながら研いでいきます。因みになんですが、この出刃は硬い骨を断つことも視野に入れていますから、刃先に小刃をつけたりします。これは、刃先にほんの少し角度をつけて言ったらマイクロなシノギを作りクッションにするんですよ。当然、刃は鈍角にほんの少しなりますから、柳葉包丁などの場合は、付けないこともももあるんですがね」
（3）包丁に凹凸ができないように調整しながら目の細かい研ぎ石まで順番に研いでいき、天然砥石で仕上げる。出刃の場合は切刃を研いだあとに、10000番を使って仕上げたなら8000番や6000番に石を変えて刃先を仕上げる。

と、当然、中間の細かな工程は一切、解説できなかった。白山さんは研ぎに本気になると3時間は1本を仕上げるのに掛かるというのだ。白山さんはこれを自己満足のためにやっているわけではない。送り出す魚の味がそれで変わるとわかっているからこだわるのだ。

最善を求める職人の拘り

太刀魚
タチウオのレシピ

東西問わず人気の魚種。温暖化が原因で生息域が北に広がる?

西日本では定番の釣魚だが、最近は関東以北でもかなりメジャーになってきた魚。鮮度でかなり味が変わることから、保存力を高める津本式で、おいしさを維持できる。

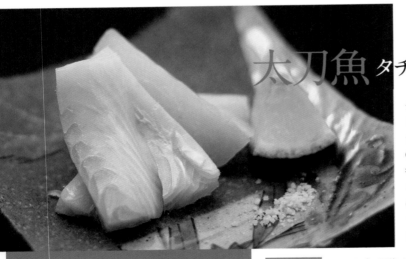

太刀魚 タチウオ | 1日目

タチウオの刺身。だが、食感を楽しむことを念頭に造られた一品。タチウオの部位をそれぞれ筋肉の質感にわけて切りつける。ただ考え無しに切りつけていくのではなく、部位の特徴を理解してこその調理法。新鮮な身のタイミングで、お気に入りの醤油や塩で贅沢にいただきたい。

失われし食感の妙 タチウオの棒づくり

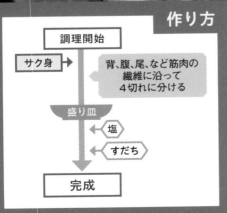

作り方

調理開始

サク身 → 背、腹、尾、など筋肉の繊維に沿って4切れに分ける

盛り皿

塩

すだち

完成

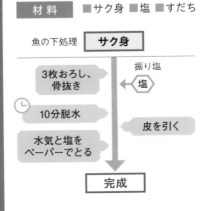

材料 ■サク身 ■塩 ■すだち

魚の下処理 **サク身**

3枚おろし、骨抜き

振り塩 ← 塩

10分脱水

皮を引く

水気と塩をペーパーでとる

完成

津本式の血抜きにより、魚の血液由来の雑味や生臭さはかなり抑えられます。そうなってくると、濃い味付けにしなくとも、魚の持つ旨みを使って食べ応えのある料理を提供することが可能です。臭みを消すために使っていたスパイスや調味料も、場合によっては控えても構わなくなるでしょう。油霜のように素材の良さを引き立てる料理の選択肢が広がります。

タチウオの油霜

シンプルに旨味をいただく

作り方

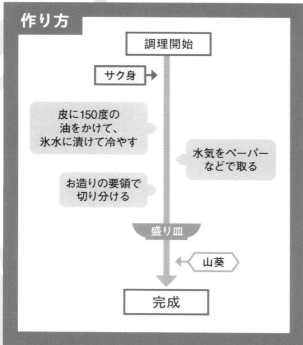

```
調理開始
  │
サク身 ──▶
  │
皮に150度の油をかけて、氷水に漬けて冷やす
  │          水気をペーパーなどで取る
お造りの要領で切り分ける
  │
盛り皿
  │
  ◀── 山葵
  │
完成
```

材料 ■サク身 ■塩 ■山葵

```
魚の下処理    サク身
                │      振り塩
3枚おろし、    ◀── 塩
骨抜き、皮引き
  │
10分脱水
  │
水気と塩をペーパーでとる
  │
完成
```

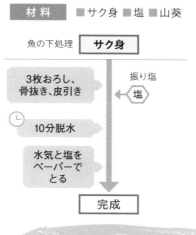

シェフからのアドバイス

通常だと、タコなどの脂の無いお魚や、脂が薄いお魚にする技法。なので魚の寝かせや熟成が浅い段階などに合うが、熟成によって旨みが増えたタチウオなどにも最適です。

幽庵地をしっかり染み込ませカリカリに焼き上げよう
タチウオのゆず庵

醤油、お酒、味醂のシンプルな幽庵地に4〜5分漬け込んで、焼いていくだけ。炭火などを扱える環境なら、炭火の香りなども加えるとより風味豊かになります。最後にゆずの皮をトッピングすれば、タチウオ本来の香りや旨みがより引き立つはずです。津本式で処理すれば、それは一層引き立ちます。

作り方

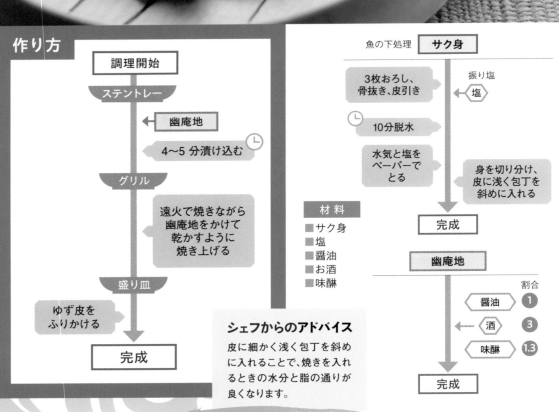

調理開始

ステントレー
← 幽庵地
4〜5分漬け込む

グリル
遠火で焼きながら幽庵地をかけて乾かすように焼き上げる

盛り皿
ゆず皮をふりかける

完成

魚の下処理 ｜ サク身

3枚おろし、骨抜き、皮引き
← 振り塩 塩

10分脱水

水気と塩をペーパーでとる

身を切り分け、皮に浅く包丁を斜めに入れる

完成

材料
- サク身
- 塩
- 醤油
- お酒
- 味醂

幽庵地

割合
醤油 1
← 酒 3
味醂 1.3

完成

シェフからのアドバイス
皮に細かく浅く包丁を斜めに入れることで、焼きを入れるときの水分と脂の通りが良くなります。

タチウオの淡煮

出汁の力と素材の力で
引き立てる

タチウオもある意味、津本式と非常に相性のいい魚
です。血抜きや寝かせの処理によって、ぐっと魚の
美味しさが引き立つからです。薄口醤油と出汁だけ
で素材の良さが引き立つといってもいいでしょう。
津本式の処理をしている魚とそうでない魚。どれだ
けの違いがあるか比べられる調理法でもあります。

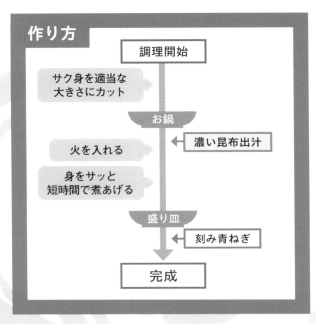

作り方

調理開始
↓
サク身を適当な大きさにカット
↓
お鍋 ← 濃い昆布出汁
↓
火を入れる
↓
身をサッと短時間で煮あげる
↓
盛り皿 ← 刻み青ねぎ
↓
完成

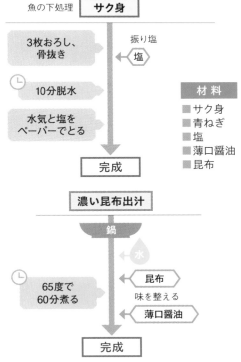

魚の下処理 → サク身

3枚おろし、骨抜き ← 振り塩 塩
↓
10分脱水
↓
水気と塩をペーパーでとる
↓
完成

材料
- サク身
- 青ねぎ
- 塩
- 薄口醤油
- 昆布

濃い昆布出汁
↓
鍋 ← 水
↓
65度で60分煮る ← 昆布
味を整える ← 薄口醤油
↓
完成

太刀魚 タチウオ ｜ 5日目

タチウオの揚げ餡掛け

さまざまな魚に応用できる餡掛け料理

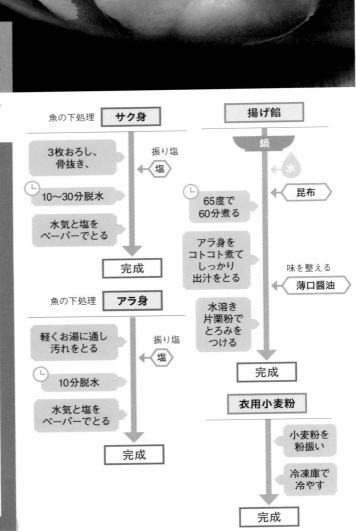

材料

- サク身、アラ身
- 塩 ■脂 ■薄口醤油
- 昆布 ■小麦粉

寝かせるにしろ熟成させるにしろ、5日目と
もなると魚にしっかりと旨みが出てきます。
このタイミングに揚げてアラ身や昆布出汁
と合わせた特製の餡掛け。その旨みをしっ
かりと高めることで不要な調味がなくても
味がしっかりしたタチウオがいただけます。

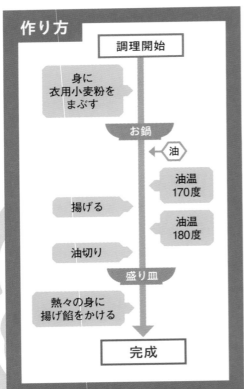

作り方

調理開始

身に衣用小麦粉をまぶす

お鍋
← 油
油温170度
油温180度

揚げる

油切り

盛り皿

熱々の身に揚げ餡をかける

完成

魚の下処理 **サク身**

3枚おろし、骨抜き、 ← 振り塩 ← 塩

⏱ 10〜30分脱水

水気と塩をペーパーでとる

完成

魚の下処理 **アラ身**

軽くお湯に通し汚れをとる ← 振り塩 ← 塩

⏱ 10分脱水

水気と塩をペーパーでとる

完成

揚げ餡

鍋 ← 水

⏱ 65度で60分煮る ← 昆布

アラ身をコトコト煮てしっかり出汁をとる

味を整える ← 薄口醤油

水溶き片栗粉でとろみをつける

完成

衣用小麦粉

小麦粉を粉振い

冷凍庫で冷やす

完成

太刀魚 タチウオ | 6日目

山椒で食欲が増し、醤油麹で旨み増す!

タチウオの麹焼き山椒

3日目の幽庵地のタレを、醤油麹に変えて山椒でいただきます。旨みが強く出だすタイミングですので、しっかりとした味を山椒の香りでパワーアップ。こちらも遠目の火でゆっくり乾かすように焼き上げるのがコツ。

材料 ■サク身 ■山椒 ■塩 ■醤油 ■生米麹

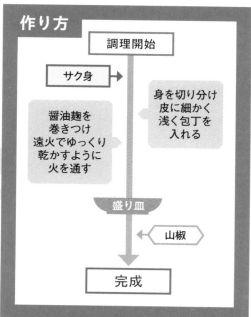

作り方

- 調理開始
  - サク身 →
    - 身を切り分け 皮に細かく 浅く包丁を 入れる
    - 醤油麹を 巻きつけ 遠火でゆっくり 乾かすように 火を通す
  - 盛り皿
    - ← 山椒
  - 完成

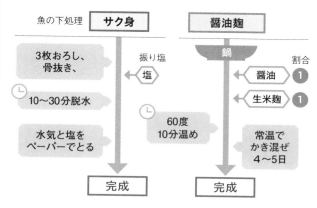

魚の下処理 **サク身**

- 3枚おろし、骨抜き、
  - 振り塩 ← 塩
- 10〜30分脱水
- 水気と塩を ペーパーでとる
- 完成

醤油麹

鍋

- 割合
  - ← 醤油 ①
  - ← 生米麹 ①
- 60度 10分温め
- 常温で かき混ぜ 4〜5日
- 完成

魚は余す所がない。アラ身もぐっと旨みが詰まった調味料と考えれば、捨てずに活用したいと誰でも思うはずです。アラ身の出汁と昆布出汁で、魚を炊き込む調理は、タチウオに限らず応用できます。しっかり寝かせて旨みが跳ねた魚の身を使えば、シンプルな料理も味踊る一品になります。

賄い**タチウオ飯**
アラ身と昆布出汁で美味しく炊こう

作り方

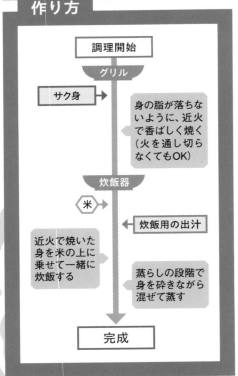

調理開始
↓ グリル
サク身 →
身の脂が落ちないように、近火で香ばしく焼く（火を通し切らなくてもOK）
↓ 炊飯器
← 米
炊飯用の出汁 →
近火で焼いた身を米の上に乗せて一緒に炊飯する
蒸らしの段階で身を砕きながら混ぜて蒸す
↓
完成

材料 ■サク身、アラ身 ■米 ■塩 ■昆布 ■薄口醤油

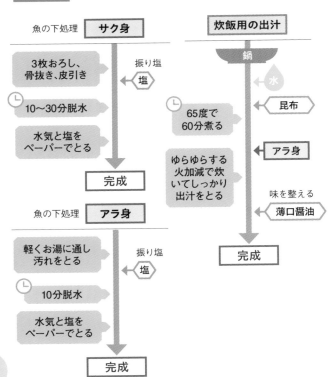

魚の下処理 **サク身**

3枚おろし、骨抜き、皮引き
振り塩 ← 塩
🕐 10〜30分脱水
水気と塩をペーパーでとる
↓
完成

魚の下処理 **アラ身**

軽くお湯に通し汚れをとる
振り塩 ← 塩
🕐 10分脱水
水気と塩をペーパーでとる
↓
完成

炊飯用の出汁

↓ 鍋
← 水
← 昆布
🕐 65度で60分煮る
← アラ身
ゆらゆらする火加減で炊いてしっかり出汁をとる
味を整える ← 薄口醤油
↓
完成

鰤・魚甾
ブリ・イナダのレシピ

スーパーでも釣りでもメジャーで美味しい青魚

出世魚として知られるブリ。イナダは
その幼魚に当たる。どちらも手に入り
やすい魚。釣ったり、まるのまま（捌
いていない状態）で購入できれば、津
本式の技術を会得するにも最適なです。

ブリ・イナダ 担当料理人
黒木裕一 [くろぎゆういち]

鮨と魚肴 ゆう心

■住所：宮崎県宮崎市青島6丁目14
■電話：0985-77-8577

津本式の津本光弘さんが居を構える宮崎県
で、津本さんと共に熟成魚について探求し
つづけている職人。そんな黒木さんが営む
『ゆう心』はなかなか予約が取れない人気店。
リーズナブルな価格帯で、津本式で仕立て、
熟成させた魚を提供してくれます。

鰤・鰍 ブリ・イナダ | 1日目

漬けダレの煎り酒を楽しもう
ブリ・イナダのしゃぶしゃぶ

さっと、ポン酢でいただくしゃぶしゃぶも定番だけれど、煎り酒を作ってそれで食べると、また違った世界が広がります。当レシピの煎り酒は、ほかの魚のしゃぶしゃぶにも合いますし、ぜひ試してみてください。まだ処理して若いタイミングは魚の味も十分に発現していませんので、煎り酒はたっぷりとどうぞ。

作り方

```
            調理開始
   サク身 →         ← 塩水 5%
   ⏱ 10分漬け込み      水を拭き取る
   ⏱ 60分寝かせ       切り身にする
                鍋
   お湯で
   しゃぶしゃぶ
               盛り皿
            ← 煎り酒
            完成
```

煎り酒

材料		合わせる	
サク身		酒	800cc
塩		炙り米 煎り米	36g
煮切り酒		薄口醤油	200cc
薄口醤油		酢	180cc
酢		昆布	5g
昆布		梅干し	4個
梅干し			

1〜2割沸騰させない程度で煮る

ザルに引き上げる（米などは膨らんでいる）

完成

鰤・鰍 ブリ・イナダ | 2日目

山葵でなく、山葵大根で味わうお刺身
ゆう心風の**お刺身**

今回のレシピ集の皆さんの調理をみていますと、しっかりと魚の下処理をされている方が多いです。明記していない方も、何らかの方法で魚の下処理をされ、旨みの凝縮や、生臭い匂いなどをていねいに抜かれています。今回は、醤油だけでなく、山葵大根の薬味でいただいてみてください。

作り方

調理開始
→ サク身
刺身サイズにカット
おろし山葵
大根 ❶ 割合
山葵 ❸
盛り皿
切り身におろし山葵のせる
完成

材料 ■サク身 ■大根 ■山葵 ■塩

魚の下処理 → サク身
3枚おろし骨抜き
振り塩 → 塩
7〜8分脱水
流水で流す
半日寝かせるラップをかけてもOKです
水気とる
完成

塩ポン酢でいただく藁焼き

季節の柑橘で風味豊かに味わいましょう

藁焼きといっても、なかなか手に入りにくいという方は、炭火でもOK。塩ポン酢のレシピは業務利用を意識した分量ですので、割合を参考に調味してください。柑橘はお好みでゆず、だいだいなど季節や地域の柑橘でオリジナルの塩ポン酢を作りましょう。

作り方

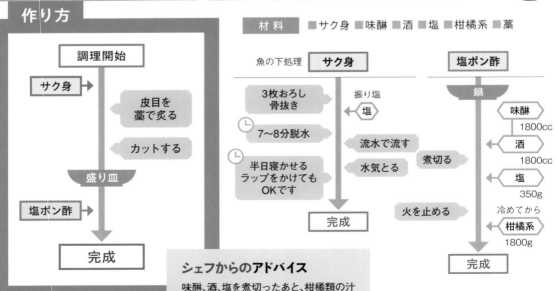

材料 ■サク身 ■味醂 ■酒 ■塩 ■柑橘系 ■藁

作り方（フローチャート）

調理開始
→ サク身 → 皮目を藁で炙る → カットする
盛り皿
→ 塩ポン酢
→ 完成

魚の下処理 サク身
3枚おろし 骨抜き
→ 振り塩 塩
→ 7〜8分脱水
→ 流水で流す
→ 半日寝かせる ラップをかけてもOKです
→ 水気とる
→ 完成

塩ポン酢
鍋
→ 味醂 1800cc
→ 酒 1800cc
→ 塩 350g
→ 煮切る
→ 火を止める
→ 冷めてから 柑橘系 1800g
→ 完成

シェフからのアドバイス

味醂、酒、塩を煮切ったあと、柑橘類の汁はそれらが冷めてから調味してください。6〜10度くらいに下がったらOKです。熱い状態で入れると香りがとびます。

とろみポン酢で旨み閉じ込めていただきます
ゆう心風ブリ・イナダのコンフィ

作り方

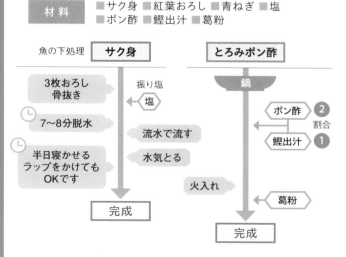

低温調理の方法も、さまざまありますが、家庭でもサッと試せる方法で紹介してくれたゆう心の黒木さん。サク身を55度のお湯でそのまま60分。コンフィのためのソミュール液などを調味する方法もありますが、ただお湯で熱するだけ。特製のとろみポン酢でさっぱりといただきます。

材料 ■サク身 ■紅葉おろし ■青ねぎ ■塩 ■ポン酢 ■鰹出汁 ■葛粉

作り方（フローチャート）

調理開始
↓
【低音調理器】
切り身 →
- 55度のお湯で60分（身をそのままお湯に入れる）
- 表面に焼きをいれる
- 水気とる
- 適当な大きさにカットする
↓
【盛り皿】
とろみポン酢 →
- 全体、とろみポン酢掛ける
- ← 紅葉おろし
- ← 青ねぎ
↓
完成

魚の下処理 サク身
- 3枚おろし 骨抜き
- 7〜8分脱水
- 半日寝かせる ラップをかけてもOKです

振り塩
- ← 塩
- 流水で流す
- 水気とる
↓
完成

とろみポン酢
【鍋】
- ← ポン酢 ❷ 割合
- ← 鰹出汁 ❶
- 火入れ
- ← 葛粉
↓
完成

さつまいもを削り掛けて甘みで旨みを引き立てる

味染みるブリの岩焼き

シンプルな、ゆあん出汁に、しっかり漬け込んでグリルで焼くだけ。本来は岩を熱して魚を焼き上げる料理法ですが、じっくりしっかりと焼いて、魚本来の旨みを引き立ててください。津本式の良さが顕著にで始めるのはまさに5日目前後からです。

作り方

```
調理開始
   │
ステンレストレーなど
   │
サク身 ←──→ ゆあん出汁
   │
1～2日
出汁に漬け込む
（厚みによって調整）
   │
ゆあん出汁に
漬け込んだ身を
グリルで焼く
   │
盛り皿
   │
黄金千貫
（さつまいも）を
蒸して削りまぶす
   │
完成
```

材料

- サク身
- 黄金千貫（さつまいも）
- 味醂 ■濃口醤油 ■塩

魚の下処理

```
        サク身              ゆあん出汁
          │                    │
3枚おろし        振り塩        鍋
骨抜き     ←──    塩                    割合
          │                   水      2
7～8分脱水                     │
              流水で流す      味醂    1
半日寝かせる                   │
ラップをかけても  水気とる    濃口    1
OKです                       醤油
          │                   │
        完成                 完成
```

シェフからのアドバイス

削り掛けるさつまいもは、甘みが少ない品種を使うのがおすすめです。

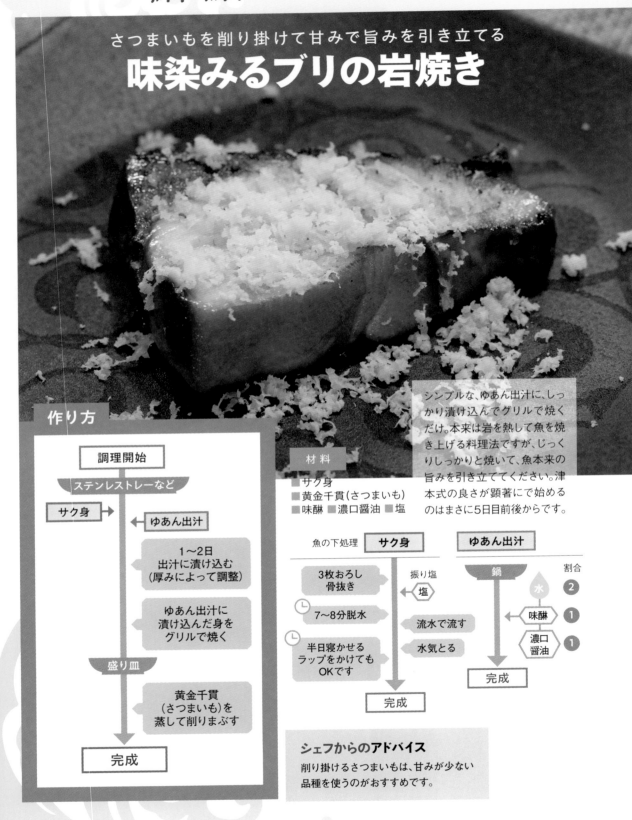

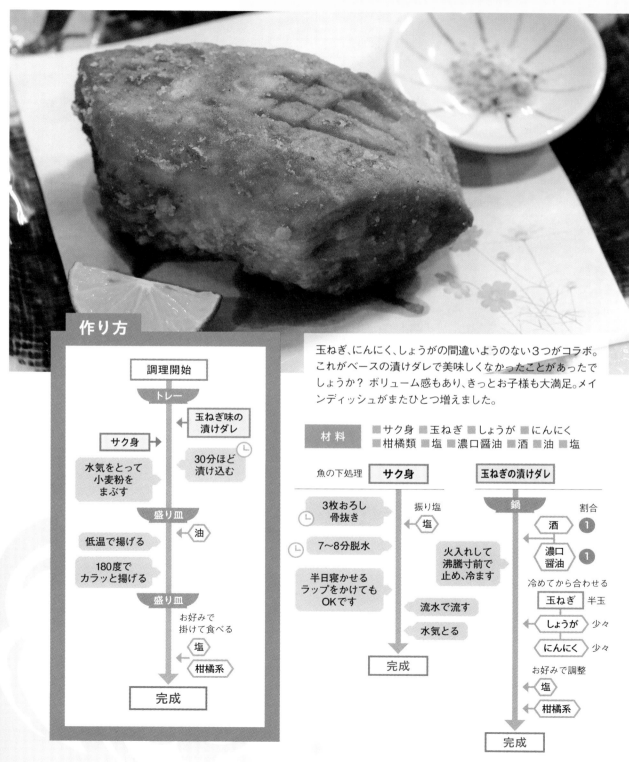

鰤・鰍 ブリ・イナダ｜6日目

玉ねぎベースの漬けダレが食欲をそそります！
がっつりいただく竜田揚げ

玉ねぎ、にんにく、しょうがの間違いようのない3つがコラボ。これがベースの漬けダレで美味しくなかったことがあったでしょうか？ ボリューム感もあり、きっとお子様も大満足。メインディッシュがまたひとつ増えました。

材料 ■サク身 ■玉ねぎ ■しょうが ■にんにく ■柑橘類 ■塩 ■濃口醤油 ■酒 ■油 ■塩

作り方

調理開始
↓
トレー
↓
サク身 → 玉ねぎ味の漬けダレ
↓
水気をとって小麦粉をまぶす ← 30分ほど漬け込む
↓
盛り皿
↓ 油
低温で揚げる
↓
180度でカラッと揚げる
↓
盛り皿
↓
お好みで掛けて食べる ← 塩
← 柑橘系
↓
完成

魚の下処理 サク身

3枚おろし 骨抜き
↓ 振り塩 ← 塩
7〜8分脱水
↓ 火入れして沸騰寸前で止め、冷ます
半日寝かせるラップをかけてもOKです
↓
流水で流す
↓
水気とる
↓
完成

玉ねぎの漬けダレ

鍋
↓ 割合
酒 ①
↓
濃口醤油 ①
↓ 冷めてから合わせる
玉ねぎ 半玉
↓
しょうが 少々
↓
にんにく 少々
↓ お好みで調整
塩
↓
柑橘系
↓
完成

寝かせて味がぎゅっと凝縮！ 魚の新しい味です

レアが美味しいブリカツ

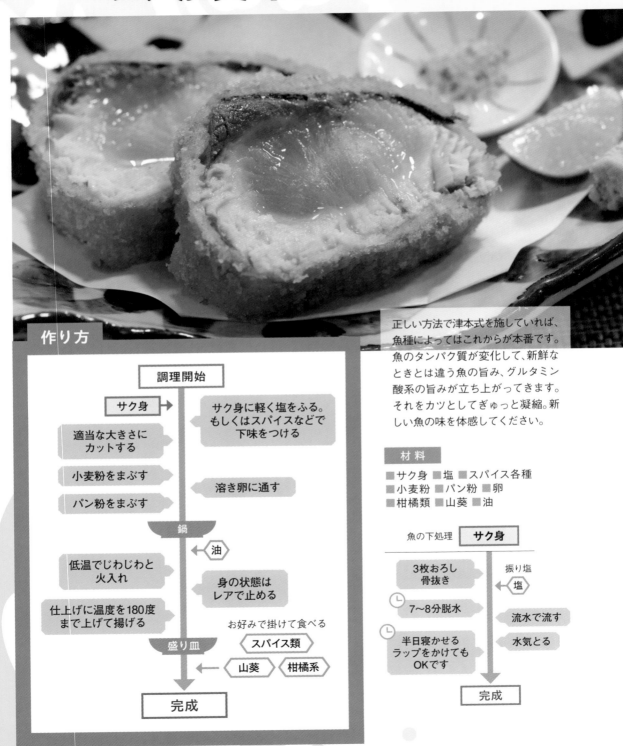

作り方

正しい方法で津本式を施していれば、魚種によってはこれからが本番です。魚のタンパク質が変化して、新鮮なときとは違う魚の旨み、グルタミン酸系の旨みが立ち上がってきます。それをカツとしてぎゅっと凝縮。新しい魚の味を体感してください。

材料

■サク身 ■塩 ■スパイス各種
■小麦粉 ■パン粉 ■卵
■柑橘類 ■山葵 ■油

調理開始

- サク身 → サク身に軽く塩をふる。もしくはスパイスなどで下味をつける
- 適当な大きさにカットする
- 小麦粉をまぶす
- パン粉をまぶす → 溶き卵に通す

鍋 ← 油

- 低温でじわじわと火入れ
- 身の状態はレアで止める
- 仕上げに温度を180度まで上げて揚げる

お好みで掛けて食べる
盛り皿 ← スパイス類
← 山葵　柑橘系

完成

魚の下処理 **サク身**

- 3枚おろし 骨抜き
- 🕐 7〜8分脱水
- 🕐 半日寝かせる ラップをかけてもOKです

振り塩 ← 塩
流水で流す
水気とる

完成

鯵 アジのレシピ

日本の食卓を支えてきた王道の大衆魚

釣りでも人気、スーパーや鮮魚店でも人気の大衆魚。ただ、近年の乱獲により急速に数を減らしており、資源維持に対策が必要な魚。一尾、一尾を大切に美味しくいただくことを心がけていきましょう。

アジ 担当料理人
川口雅由 [かわぐちまさゆき]
PILAW∴/燠火kawaguchi
■住所：宮崎県宮崎市阿波岐原町前浜4276-1255
■電話：0985-29-4091 ■http://okibi.co.jp

あの、大人気クルーズトレイン『ななつ星in九州』のシェフにも抜擢され、ただいま注目を浴びている料理人。シェフが経営するPILAW∴はピザが人気のイタリアン店。その隣の燠火Kawaguchiは完全予約制の隠れ家的佇まいのお店。その名の通り、川口シェフがこだわる宮崎の食材を使った燠火料理を提供する。津本式で仕立てた魚なども積極的に活用する。

レモンソースの アジのカルパッチョ

シンプルなレモンソースは 何にでも合います!

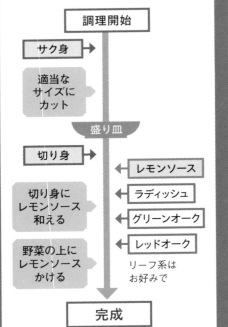

アジの食感を楽しみつつ、レモンソースで爽やかさをプラス。季節の野菜をアレンジして彩りを追加すれば、食卓が艶やかになります。こちらで紹介しているレモンソースは、焼き魚に使っても絶品とのこと。血抜きのおかげで、魚の生臭さが抑えられる津本式ですが、爽やかな柑橘のソースは生臭さをより抑えてくれます。

作り方

材料

■サク身 ■レモン汁 ■ラディッシュ ■グリーンオーク
■レッドオーク ■オリーブオイル ■塩

```
          調理開始

    サク身 →
      ↓
   適当な
   サイズに
   カット
      ↓
        盛り皿
      ↓
    切り身 →        ← レモンソース
      ↓            ← ラディッシュ
  切り身に          ← グリーンオーク
  レモンソース        ← レッドオーク
  和える
      ↓           リーフ系は
  野菜の上に        お好みで
  レモンソース
  かける
      ↓
          完成
```

魚の下処理

サク身

3枚におろし、皮を引く
↓
ボール
↓
水に対して3.5%の濃度になるように
塩
水 → 身を洗う
↓
ペーパーで身を拭く
↓
完成

レモンソース

割合
1 レモン汁 → アクセントとしてお好みで
3 オリーブオイル → ← 塩
↓
完成

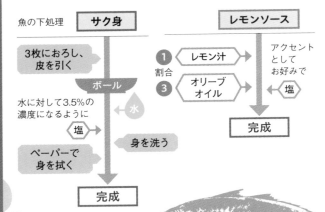

シェフからのアドバイス

お塩は良いものを選んでみてください。うちではフルルードセルという、風味豊かな天然塩を使っています。料理のアクセントなどに使っていけますので用意しておいて損はないと思います。

ほんのりごま油香る アジのなめろう

味噌ではなく、ごま油。やってみると病みつきになります

一般的な『なめろう』と言えば、味噌ベース。ですがこちらはごま油が主役。もちろん、ごま油と味噌というアレンジも美味しいですし、ごま油と醤油でも美味しい。和風の盛り付けもいいですが、リーフや花などを添えておしゃれにしてみるのも一興です。生臭さが抑えられる津本式だからこそ、シンプルな味付けで魚の風味が引き立ちます。

材料

■ サク身 ■ 大葉 ■ 茗荷 ■ 青ねぎ ■ 白ねぎ ■ 人参
■ ペンタス ■ ナスタチューム ■ 菊の花 ■ ごま油 ■ 塩

作り方

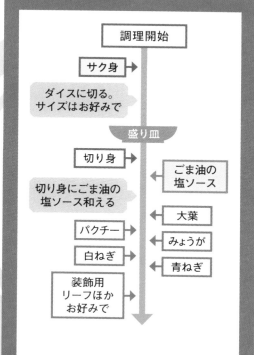

調理開始

- サク身 → ダイスに切る。サイズはお好みで
- 盛り皿
- 切り身 → 切り身にごま油の塩ソース和える ← ごま油の塩ソース
- パクチー ← 大葉
- 白ねぎ ← みょうが
- ← 青ねぎ
- 装飾用リーフほかお好みで

魚の下処理

サク身

3枚におろし、皮を引く

ボール

水に対して3.5%の濃度になるように 塩 → 身を洗う ← 水

ペーパーで身を拭く

完成

ごま油と塩のソース

← 塩 少量
← ごま油 適量

完成

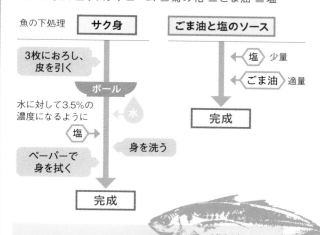

シェフからのアドバイス

おつまみ的に作るなら、ごま油には一味が合います。ピリッとして美味しくなりますので、それも試してみてください。なめろうはアジに限らずアレンジ可能ですよ。

鯵 アジ ｜ 3日目

身を炙ってスモークという下処理は、いろいろな料理にそのまま転用可能。スモークの方法は、お好みで。今回使った野菜のほかに、ねぎを入れたり、ニラを生で挟んだりしても美味しいとのお話。こちらもアレンジしがいのある料理です。

スモークアジの生春巻き

お好みの野菜をたっぷり巻き込んで食べる生春巻き

材料

- サク身 ■ ライスペーパー
- レタス ■ パクチー ■ かいわれ大根
- パプリカ ■ ラディッシュ
- レモン汁 ■ にんにく
- オリーブオイル ■ 魚醤

作り方

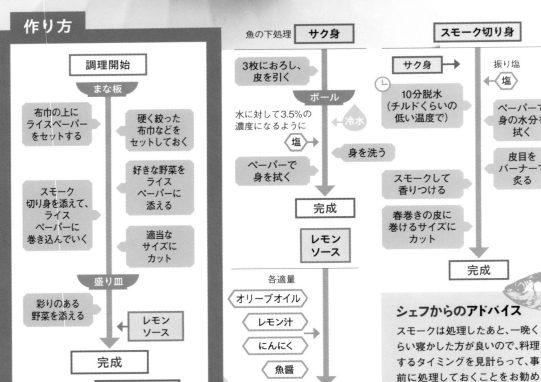

［フローチャート］

調理開始
↓
【まな板】
- 布巾の上にライスペーパーをセットする
- 硬く絞った布巾などをセットしておく
- 好きな野菜をライスペーパーに添える
- スモーク切り身を添えて、ライスペーパーに巻き込んでいく
- 適当なサイズにカット
↓
【盛り皿】
- 彩りのある野菜を添える ← レモンソース
↓
完成
↓
完成

魚の下処理　サク身

3枚におろし、皮を引く
↓
【ボール】
水に対して3.5%の濃度になるように ← 冷水
塩 → 身を洗う
ペーパーで身を拭く
↓
完成
↓
レモンソース

各適量
- オリーブオイル
- レモン汁
- にんにく
- 魚醤
↓
完成

スモーク切り身

サク身 → 　　振り塩　塩
↓
⏱ 10分脱水（チルドくらいの低い温度で）
↓
ペーパーで身の水分を拭く
↓
皮目をバーナーで炙る
↓
スモークして香りつける
↓
春巻きの皮に巻けるサイズにカット
↓
完成

シェフからのアドバイス

スモークは処理したあと、一晩くらい寝かした方が良いので、料理するタイミングを見計らって、事前に処理しておくことをお勧めします。スモークはサッと香り付けで処理する程度でOKです。

アジのフリット

おいしい塩と胡椒でサクっといただく

180〜200度くらいの油でサッと揚げましょう。カリカリに仕上がったフリットを美味しい塩と胡椒でシンプルに味付け。ただ、使うスパイスは色々選べます。ほりにしと津本式でコラボしたアウトドアスパイスもこの料理のスパイスとして優秀です。お好みのスパイスと合わせて楽しんでみてください。

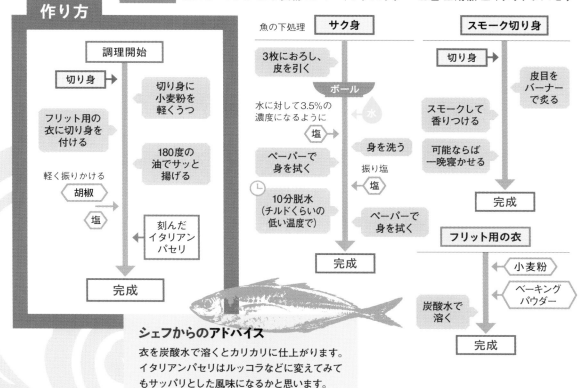

材料 ■スモークアジ ■小麦粉 ■ベーキングパウダー ■塩 ■胡椒 ■イタリアンパセリ

作り方

調理開始

切り身 → 切り身に小麦粉を軽くうつ → 180度の油でサッと揚げる

フリット用の衣に切り身を付ける

軽く振りかける
胡椒
塩 → 刻んだイタリアンパセリ

完成

魚の下処理

サク身

3枚におろし、皮を引く

ボール

水に対して3.5%の濃度になるように
塩 ← 水

ペーパーで身を拭く ← 身を洗う

振り塩
塩 → ペーパーで身を拭く

10分脱水（チルドくらいの低い温度で）

完成

スモーク切り身

切り身 → 皮目をバーナーで炙る

スモークして香りつける

可能ならば一晩寝かせる

完成

フリット用の衣

小麦粉
ベーキングパウダー
炭酸水で溶く

完成

シェフからのアドバイス

衣を炭酸水で溶くとカリカリに仕上がります。イタリアンパセリはルッコラなどに変えてみてもサッパリとした風味になるかと思います。

鯵 アジ ｜ 5日目

イタリアンの基本ながら、奥が深いペペロンチーノ

アジのペペロンチーノ

材料
■サク身　■スパゲティ　■にんにく
■赤唐辛子　■イタリアンパセリ　■ゆず
■からし水菜　■塩　■オリーブオイル

5日目ともなるとアジにもしっかりと旨みが広が
り、脂も身に馴染み出しますので、これを具材に
することでスパゲティのパンチもぐっと増しま
す。このペペロンチーノも、いろいろな種類の魚
に応用可能ですので、しっかりと覚えておけば、
魚料理のレパートリーも広がります。

作り方

【調理開始】
↓
ベースオイルの入ったフライパン
↓
パスタの茹で汁を大さじ3杯ほど入れる　／　茹で上がりを素早くいれましょう ← スパゲティ
↓
トングで10回くらい回して茹で汁と油を乳化させる
↓
盛り皿
↓
焼き身のアジをスパゲティの上に盛り付ける　／　オイルと和えたスパゲティを盛り付ける
↓
季節の野菜を盛り付け
↓
【完成】

シェフからのアドバイス
スパゲティの茹で時間は表示時間より30秒ほ
ど早くあげておくと、オイルと和えるときにも
たついてもアルデンテになりますので、慣れな
い人はこれで試してみてください。

魚の下処理　【サク身】
↓
3枚におろし、皮を引く
↓
ボール　← 水に対して3.5%の濃度になるように ← 塩（水）
↓
身を洗う ← 振り塩（塩）
↓
ペーパーで身を拭く
↓
10分脱水（チルドくらいの低い温度で）
↓
ペーパーで身を拭く
↓
【完成】

【焼き身】
↓
フライパン
↓
オリーブオイル ／ 切り身 →
↓
両面をカリッと焼く
↓
適当な大きさにカット
↓
【完成】

【スパゲティ】
↓
鍋
↓
水に対して1%　塩 ← 水
↓
時間通りに茹でる ← スパゲティ
↓
【完成】

【ペペロンチーノのベースオイル】
↓
フライパン
↓
オリーブオイル ／ オイルが冷えた状態から入れる
↓
にんにくを弱火でじっくりと狐色になるまで炒める ← 刻んだにんにく
↓
火を止める
↓
半分に割った赤唐辛子 →
↓
塩 1g ふたつまみ程度
↓
刻んだパセリ →
↓
【完成】

熟成で旨みがガッツリ出ているタイミングでも、いわゆる旨みの抜ける谷間でもフォローアップしてくれるのがアジフライ。油の使い方は揚げるではなく焼くをイメージしてください。衣を細かくする技術などは、いつものアジフライにも応用できます。

鰺 アジ | 6日目

みんな大好きアジフライ。
チーズとからめて美味しさ増し増し

イタリアン風アジフライ

作り方

材料

■アジ切り身 ■パン粉 ■プチトマト ■ルッコラ
■パルメザンチーズ ■卵 ■にんにく ■胡椒
■塩 ■オリーブオイル ■バター

調理開始
↓
【フライパン】
↓
- オリーブオイル（身が浸る程度の量）→ バター（大さじ1杯程度）
- 180度まで熱する
- パン粉処理済みサク身 →
- 揚げるというよりは焼くような感じで調理する。油をスプーンですくってかけるなど工夫。
- 火を入れすぎない。カリッとなればOK
↓
【盛り皿】
↓
- プチトマト ← ルッコラ
- ← パルメザンチーズ
- ソース　レモンソース →
↓
完成

シェフからのアドバイス

パン粉などは、金ザルなどで細かく濾しておくとよいと思います。こうすることで、油をパン粉が吸いすぎないので、全体的に軽くなります。

魚の下処理　【パン粉処理済みサク身】

- 3枚におろし、皮を引く
↓
【ボール】
- 水に対して3.5%の濃度になるように　塩　←　水
- ペーパーで身を拭く
- 10分脱水（チルドくらいの低い温度で）
- 身を洗う　←　塩（振り塩）
- ペーパーで身を拭く
- 適当な大きさにカットして小麦粉を軽くふる
- チーズ溶き卵に身をくぐらせる
- 金ザルで細かくしたパン粉を身に付ける
↓
完成

【チーズ溶き卵】

- 卵（1個）→ 溶き卵にする
- パルメザンチーズ（大さじ2杯）
↓
完成
↓
【レモンソース】
↓
【ボール】
- すりにんにく　←　オリーブオイル
- 胡椒　←　レモン汁
- 塩
- 刻んだパセリ
↓
完成

革命 魚レシピ | 083

鯵 アジ ｜ 7日目

アジのリエット風

スパイスが香る万能リエット。いろんなものにディップしよう。

炒めたほぐし身に、ごま油の香りを添えて、マヨネーズで和えたもの。マヨネーズに和えるスパイスはお好みでいきましょう。一味などで辛味を与えてもよしです。今回はコリアンダーやクミン、胡椒を入れて少しエスニックに。余った身で簡単に作れる料理です。

材料
■切り身 ■フランスパン ■ごま油
■白ごま ■マヨネーズ ■レモン ■クミン
■コリアンダー ■胡椒 ■塩

調理開始

切り身 →

- 油を引かずに身をほぐしながら中火で炒める
- 水分が軽くとぶくらいで火を止める
- ← ごま油
- 少量 塩 →
- ← ごま
- 食材が冷めてからマヨネーズを入れる
- ← レモン汁 少量
- すべて少量
- クミン
- コリアンダー → フランスパンをこんがり焼いて上にのせる
- 胡椒

完成

魚の下処理　切り身

- 3枚におろし、皮を引く

ボール

- 水に対して3.5%の濃度になるように ← 水
- 塩 → 身を洗う
- ペーパーで身を拭く　振り塩 塩
- 10分脱水（チルドくらいの低い温度で）
- ペーパーで身を拭く

完成

シェフからのアドバイス
市販のマヨネーズを使う場合は、レモンなどの柑橘の汁を少し和えると風味が良くなります。ほぐし身は水分が少し飛ぶくらいで良いですが、カリカリに焼いてもそれはそれで美味しくなりますので工夫してみてください。

羽太
ハタ類のレシピ

白身で脂のりがよく、釣り人にも愛される高級魚

　ハタといっても、日本には何種類も生息しており、高級魚のクエもハタの仲間。それぞれで食味も異なり、種的にも厳密にはひとくくりにはできないが、比較的流通量が多い、アカハタ、キジハタ、オオモンハタ類を本書ではイメージしている。レシピではチャイロマルハタを利用した。ハタ類は津本式で処理すれば、比較的長期間の寝かせ、熟成が可能な魚種でもある。

　一般的にも鮮度の良い状態で食べるより、すこし寝かせて食べた方が美味しい魚とされる。このように保存が効くことから、食材としての可能性も非常に幅広く、津本式との相性もよい。

ハタ類／サバ 担当料理人
mao [まお]
■ https://www.instagram.com/osakana__mao/

元々、魚が好きで魚料理に精力的にとりくむ主婦だったmaoさん。津本式という魚の仕立て方を知り、その凄さに惚れ込み、津本式を活用した魚料理の研究にのめりこむ。津本光弘さんと同じ宮崎県に在住しながら、津本式の活用術を求めて、東京の料理店などにも足を運び研究。主婦の目線と独創的なアイデアから生まれる魚料理は、津本さんのみならず、プロのシェフからも一目置かれる存在に。今回は家庭でも気軽に試せる料理を念頭に、レシピを紹介してもらった。

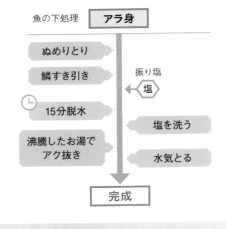

羽太 ハタ類 ｜ 1日目

ピリっと食欲そそる アラの煮付け

鷹の爪で、ピリっと覚醒

ハタは津本式以前に基本的に寝かせた方が美味しい魚。新鮮で若いうちに食べるなら、煮付けなどでしっかりと味付けをするのがよし。鷹の爪がピリリと食欲をそそる一品です。

材料

■アラ身 ■生姜 ■昆布 ■鷹の爪
■出汁醤油 ■味醂 ■清酒 ■塩

作り方

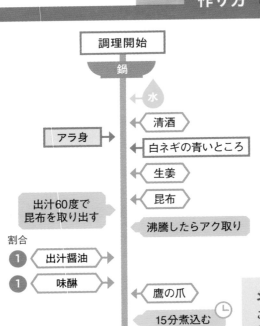

```
調理開始
  │
  鍋
  │
  水
  │
  清酒
  │
アラ身 → 白ネギの青いところ
  │
  生姜
  │
  昆布
  │
  沸騰したらアク取り
出汁60度で
昆布を取り出す
割合
① 出汁醤油 →
① 味醂 →
  鷹の爪
  │
  15分煮込む
  │
  完成
```

魚の下処理 ─ アラ身

```
ぬめりとり
鱗すき引き          振り塩
                    塩
15分脱水
                    塩を洗う
沸騰したお湯で
アク抜き            水気とる

    完成
```

シェフからのアドバイス

こちらで取ったアラの出汁は、しゃぶしゃぶの出汁にも使用できますので、作り置きしていても良いと思います。

うろこも揚げれば
カルシウムたっぷりの
美味しい煎餅に早替わり!

子供も喜ぶ うろこ煎餅

うろこが付いたままの、魚の皮を
さっと揚げれば、サクサクのうろ
こ煎餅に早替わり。お好みの岩
塩やスパイスで食べればちょっ
としたお菓子にもなります。津本
式とほりにしのコラボスパイス
で食べたらこれまた絶品。どのタ
イミングで作ってもいいですが、
寝かせていると皮には雑菌がつ
きがち。ですので、鮮度の高いう
ちに調理がおすすめです。

材料 ■すき身した皮 ■油 ■すだち ■岩塩 ■スパイス

作り方

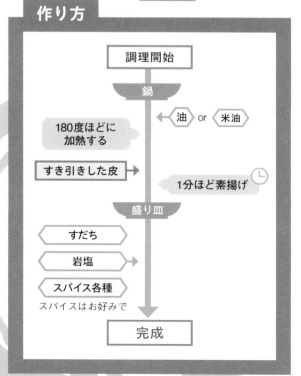

調理開始
↓ 鍋
油 or 米油 →
180度ほどに
加熱する
すき引きした皮 →
1分ほど素揚げ ⏱
↓ 盛り皿
すだち
岩塩
スパイス各種
スパイスはお好みで
↓
完成

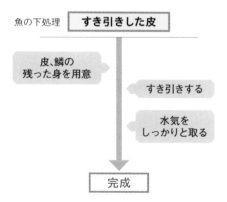

魚の下処理 **すき引きした皮**
皮、鱗の
残った身を用意
すき引きする
水気を
しっかりと取る
↓
完成

シェフからのアドバイス

ハタのうろこは、この煎餅と相性がいいです
が、マダイなど、うろこがしっかりした魚種は
応用できます。うろこも余すことなくいただ
けます。子供達にも大人気の一品です。

旨み引き立つ釜焼き

頭の部分はごちそうなのです

人気のピチットシート（オカモト）などでしっかり、アラ身を脱水し、旨みをぎゅっと凝縮させます。頭まわりは寝かせすぎると、脳や目が痛みがちですので、早いタイミングでいただいた方がよいでしょう。寝かせるなら、それらはなるべく取り除きましょう。

材料 ■アラ身 ■すだち ■塩 ■ピチットシート（オカモト）

作り方

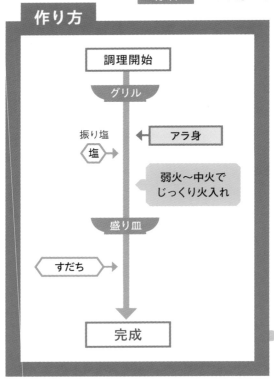

調理開始
↓ グリル
振り塩 塩 ← アラ身
弱火〜中火でじっくり火入れ
↓ 盛り皿
すだち →
↓
完成

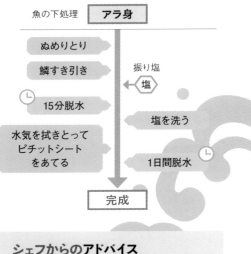

魚の下処理　**アラ身**

ぬめりとり
鱗すき引き　　振り塩 塩
15分脱水
水気を拭きとってピチットシートをあてる　　　塩を洗う
1日間脱水
↓
完成

シェフからのアドバイス

ピチットシートは種類がありますので、いつ食べるかを計算して使いわけて処理しましょう。あまり長くアテすぎると、水分が飛びすぎてしまいますので注意です。

ハタのお造り フルコース

あらゆる角度で食べ尽くす、刺身仕立ての贅沢

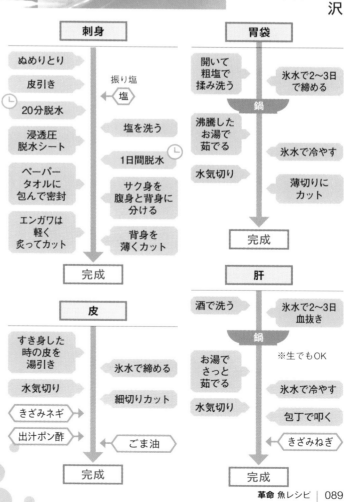

ただ単に、お刺身だけでいただくなら、ハタはじっくり7日以上寝かせて食べるほうが美味しい魚です。ですが、胃袋や肝などをいただくなら、このタイミング。鮮度のよい状態のときに内臓は処理して準備しておきましょう。

材料

■サク身 ■胃袋 ■皮 ■肝（肝臓）
■塩、粗塩、岩塩 ■大葉 ■青ねぎ
■すだち ■海苔醤油 ■山葵
■清酒 ■ごま油 ■出汁ポン酢

作り方

調理開始
↓
盛り皿
↓
刺身
↓
背身と腹身を分けて盛り付け
↓
大葉
↓
胃袋 — 大葉に盛り付け
↓
岩塩
↓
すだち
↓
わさび

焼き海苔醤油 →
皮 — 大葉に盛り付け →
刺身（炙り）→
肝 →

↓
完成

刺身

ぬめりとり
↓
皮引き
↓
⏱ 20分脱水
↓
浸透圧脱水シート
↓
ペーパータオルに包んで密封
↓
エンガワは軽く炙ってカット
↓
完成

振り塩
↓
塩
↓
塩を洗う
↓
⏱ 1日間脱水
↓
サク身を腹身と背身に分ける
↓
背身を薄くカット

胃袋

開いて粗塩で揉み洗う
↓
鍋
↓
沸騰したお湯で茹でる
↓
水気切り

氷水で2〜3日で締める
↓
氷水で冷やす
↓
薄切りにカット
↓
完成

皮

すき身した時の皮を湯引き
↓
水気切り
↓
きざみネギ
↓
出汁ポン酢

氷水で締める
↓
細切りカット
↓
ごま油
↓
完成

肝

酒で洗う
↓
鍋
↓
お湯でさっと茹でる
↓
氷水で冷やす
↓
水気切り

氷水で2〜3日血抜き
※生でもOK
↓
包丁で叩く
↓
きざみねぎ
↓
完成

羽太 ハタ類 | 3日目

簡単、ハタの昆布締め

旨みをしっかり入れ込んで、上品なハタに楔を打ち込む

材料 ■サク身 ■昆布 ■塩 ■出汁ポン酢 ■日本酒

料亭の本格的な昆布締めレシピも良いですが、さっと簡単にいただく方法も知っておきたいところ、昆布のグルタミン酸の旨みと、ひきたち始めるハタのイノシン酸の旨みが相まって、しっかりした味わいの昆布締めが食べられるタイミング。ハタの場合は7日目くらいでも、まだ、若い印象ですので、しっかりと旨みが出てきたタイミングでトライしてみましょう。

作り方

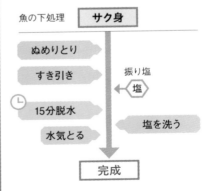

調理開始

→ サク身

日本酒で昆布の表面を拭く

切り身をカットした昆布で挟む

ラップで巻く

🕐 3時間

適当なサイズでカット

盛り皿

← 出汁ぽん酢

完成

魚の下処理　**サク身**

ぬめりとり

すき引き　　　振り塩 ← 塩

🕐 15分脱水

水気とる　　　塩を洗う

完成

羽太 ハタ類 | 4日目

旨み増す麹パワーを実感しよう

塩麹で旨み増し増し美味しい唐揚げ

塩麹には旨味となるグルタミン酸やアスパラギン酸。アミラーゼやプロテアーゼなどの酵素が含まれており、それらの酵素が魚の身のタンパク質などに作用して、旨みを引き出します。魚が持つイノシン酸と相まって、深みのある味わいになるのです。熱を入れてカリカリに揚げ、美味しい唐揚げをいただきましょう。

材料 ■背サク身 ■レモン ■塩 ■塩麹

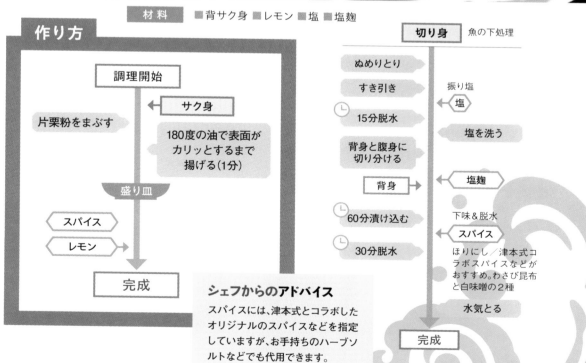

作り方

調理開始

サク身

片栗粉をまぶす

180度の油で表面がカリッとするまで揚げる（1分）

盛り皿

スパイス

レモン

完成

切り身 ── 魚の下処理

ぬめりとり

すき引き

15分脱水 ── 振り塩 ── 塩

塩を洗う

背身と腹身に切り分ける

背身 ── 塩麹

60分漬け込む ── 下味＆脱水

30分脱水 ── スパイス

ほりにし／津本式コラボスパイスなどがおすすめ。わさび昆布と白味噌の2種

水気とる

完成

シェフからのアドバイス

スパイスには、津本式とコラボしたオリジナルのスパイスなどを指定していますが、お手持ちのハーブソルトなどでも代用できます。

甘いタレと山椒の香りが、食欲をそそります。白身魚ならさまざまな魚に応用が可能でしょう。工程も簡単で、さっと作れるのも魅力的。魚は寝かせたり熟成させると、身の繊維にしっかりと脂が染み渡ります。それを焼き上げるとホクホクに。焼くことでさらに食材のポテンシャルが上がるのです。

山椒香ばしい甘ダレの掛け焼き

身のしっかりしたハタを焼いて引き立てましょう

作り方

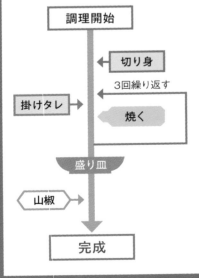

調理開始

← 切り身

3回繰り返す

掛けタレ →

焼く

盛り皿

← 山椒

完成

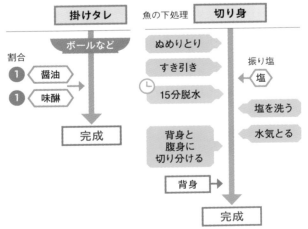

材料　■背身　■山椒　■醤油　■味醂　■塩

掛けタレ

ボールなど

割合
1 醤油 →
1 味醂

完成

魚の下処理　切り身

ぬめりとり

すき引き

🕐 15分脱水

振り塩
← 塩

塩を洗う

水気とる

背身と腹身に切り分ける

背身 →

完成

ナンプラーの香りがハタのおいしさを引き立てます

ハタの**エスニック蒸し**

薬味を混ぜた清酒で蒸し、こだわりのエスニックだれに身をひたします。ねぎ風味のごま油でしっかりと香ばしさと油の旨みをトッピング。身がしっかりとしたハタ類だからこそ、こういった料理が合うのかもしれません。

材料

■腹身 ■青ねぎ ■パクチー ■にんにく ■ライム ■清酒
■ナンプラー ■鶏ガラスープの素 ■ごま油 ■塩

作り方

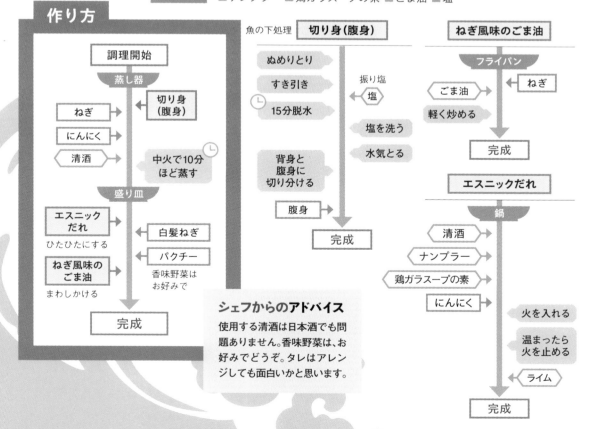

魚の下処理

切り身（腹身）
→ ぬめりとり
→ すき引き
→ 15分脱水
　振り塩 ← 塩
→ 塩を洗う
→ 水気とる
→ 背身と腹身に切り分ける
→ 腹身
→ 完成

調理開始
→ 蒸し器
　切り身（腹身）
　ねぎ →
　にんにく →
　清酒 →
→ 中火で10分ほど蒸す
→ 盛り皿
　エスニックだれ（ひたひたにする）
　ねぎ風味のごま油（まわしかける）
　白髪ねぎ
　パクチー（香味野菜はお好みで）
→ 完成

ねぎ風味のごま油
フライパン
ごま油 ← ねぎ
→ 軽く炒める
→ 完成

エスニックだれ
鍋
→ 清酒
→ ナンプラー
→ 鶏ガラスープの素
→ にんにく
→ 火を入れる
→ 温まったら火を止める
← ライム
→ 完成

シェフからのアドバイス

使用する清酒は日本酒でも問題ありません。香味野菜は、お好みでどうぞ。タレはアレンジしても面白いかと思います。

羽太 ハタ類 | 7日目

旨みがぐっとひきあがる7日以降。ハタ本来の旨みを堪能しましょう

アラ出汁が決め手のしゃぶしゃぶ

単独で作るのではなく、アラ出汁をとった際に、それを残しておくのがよいでしょう。アラ出汁はボールを氷で冷やし、瓶などに密封し、冷蔵庫で保管、もしくは冷凍しておけばOK。しっかり寝かせたり熟成させたハタは、旨みがぐっと引き上がります。それを、しゃぶしゃぶでいただく贅沢。お好みのタレで、ハタ本来の旨みを味わいつくしましょう。

材料	■切り身 ■白ねぎ ■しめじ ■すだち ■生姜 ■昆布
	■柚子胡椒 ■紅葉鬼おろし ■ポン酢 ■茗荷 ■清酒

作り方

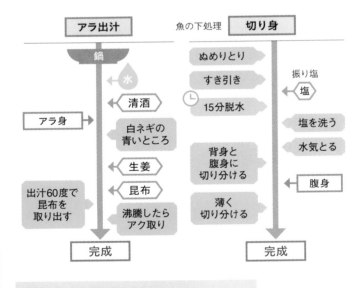

調理開始
→ 鍋
- 温める。低温もおすすめ ← アラ出汁
- ← 白ねぎ
- ← しめじなどのきのこ類
- 切り身 →
- 出汁に軽く身を通す
- ポン酢
- すだち
- 紅葉鬼おろし
- 柚子胡椒
- 茗荷
→ お好みのタレや薬味で食べる
完成

アラ出汁
→ 鍋
← 水
← 清酒
アラ身 →
← 白ネギの青いところ
← 生姜
← 昆布
出汁60度で昆布を取り出す
← 沸騰したらアク取り
完成

魚の下処理 **切り身**
- ぬめりとり
- すき引き
- 15分脱水
- 振り塩 ← 塩
- 塩を洗う
- 水気とる
- 背身と腹身に切り分ける → 腹身
- 薄く切り分ける
完成

シェフからのアドバイス

アラ煮を作る際にとった出汁を調味前に残しておくと、しゃぶしゃぶの出汁に使えます。この出汁が飲めるほど美味しいので、そちらも一緒に楽しんでください。アラ身の下処理は1日目を参照。

鯖
サバのレシピ

日本人に愛される大衆魚の代表格

　アジとならんで、日本の食卓に並ぶことの多い大衆魚。食味も大変よく、多くの人に愛される魚だ。ご存知のように、鮮度劣化が早い魚の代表格だが、津本式で血抜き処理を行うことで、一般の常識では考えられない5日以上の生食も可能になる。もちろん、ヒスタミン中毒などの危険性は高い魚なので、津本式の技術はもちろんのこと、寝かせ熟成には正しい知識が必要。種類的には、マサバとゴマサバがメジャーで、外観の特徴の違いは、マサバはゴマサバよりやや扁平で、体表の黒点の数が少ない。食味については、マサバのほうが脂のりがよく、水気が少なく美味しいとされるが、個体や季節による。海域にもよるが、マサバの産卵期は3〜6月なので旬は晩夏から冬。ゴマサバは産卵期が12月〜6月なので、旬は夏から晩秋にかけて。基本的に産卵期と産卵期直後の食味は悪くなるので、卵に栄養が取られ出す前の時期が旬となる。

アラの味噌汁／かまの塩焼きほぐし身定食

サバをなが〜く使い切る。初日はアラやカマを活用

サバのレシピについては寝かせながら使うことを前提に紹介。初日にサク身はしっかりと下処理して2日目以降に活かすことを意識。まずは、鮮度の高い状態で使っておきたい頭やカマなどの部分をいただきます。この料理には使用しませんが、基本の下処理パートもこの1日目で紹介しておきます。

材料 ■アラ身、カマ ■白ねぎ ■ねぎ ■大葉 ■大根おろし ■昆布 ■味噌 ■清酒 ■塩

作り方

調理開始
→ 鍋
→ 水（割合 1）
→ 清酒（割合 1）
→ 白ネギの青いところ
→ アラ身
→ 昆布
→ 出汁60度で昆布を取り出す
→ 温度保ちながら煮出す
→ 出汁を濾す
→ 味噌
→ お好みの具を投入
→ お椀｜お味噌汁盛り付け
→ アラ身をグリルで塩焼き
→ 盛り皿
→ 大根おろし ← 大葉
→ 完成

魚の下処理 — サク身

3枚下ろし、骨抜きまで処理しておく
→ 塩（身が見えないくらいまぶす）
→ 20分冷蔵。洗って水気とる
→ 酢
→ 身を酢に20秒くぐらせる
→ ペーパータオルで水気とりラップや密封器で保存、冷蔵
→ 完成

魚の下処理 — アラ身かま

→ 塩（振り塩）
→ 塩を洗う
→ 15分脱水
→ 沸騰したお湯でアク抜き
→ 完成

シェフからのアドバイス

さば類も津本式なら5日程度、さほど気を使わず簡単に寝かせられます。通常、アラ身やカマなどは若い日にちにいただいたほうが安全です。

鯖 サバ ｜ 2日目

サバ料理の定番。しっかりマスターしておきましょう！
基本の締めサバ／炙り締めサバ

サバのレシピでは使用する身に締めサバを利用することが多くなりますので、基本の工程として知っておきましょう。そのまま食べてもよし、調理してもよし。サバ料理の中核となります。炙るとさらに旨みが増します。中毒を引き起こすアニサキスは冷凍（約-20度冷凍で24時間前後）で被害を防げますので、処理が難しい方は冷凍をおすすめします。

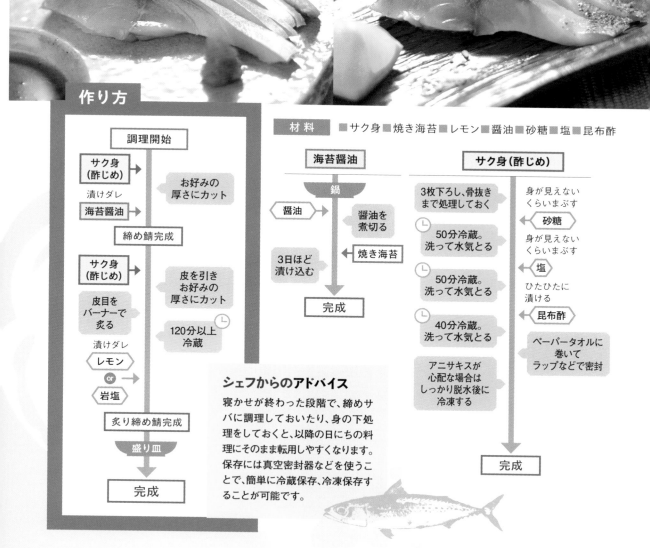

作り方

材料 ■サク身 ■焼き海苔 ■レモン ■醤油 ■砂糖 ■塩 ■昆布酢

調理開始

- サク身（酢じめ）
  - 漬けダレ → 海苔醤油
  - お好みの厚さにカット

締め鯖完成

- サク身（酢じめ）
  - 皮目をバーナーで炙る
  - 漬けダレ → レモン or 岩塩
  - 皮を引きお好みの厚さにカット
  - 120分以上冷蔵

炙り締め鯖完成

→ 盛り皿 → **完成**

海苔醤油

鍋
- 醤油 → 醤油を煮切る
- 焼き海苔
- 3日ほど漬け込む

完成

サク身（酢じめ）

- 3枚下ろし、骨抜きまで処理しておく
- 身が見えないくらいまぶす → 砂糖
- 50分冷蔵。洗って水気とる
- 身が見えないくらいまぶす → 塩
- 50分冷蔵。洗って水気とる
- ひたひたに漬ける → 昆布酢
- 40分冷蔵。洗って水気とる
- ペーパータオルに巻いてラップなどで密封
- アニサキスが心配な場合はしっかり脱水後に冷凍する

完成

シェフからのアドバイス

寝かせが終わった段階で、締めサバに調理しておいたり、身の下処理をしておくと、以降の日にちの料理にそのまま転用しやすくなります。保存には真空密封器などを使うことで、簡単に冷蔵保存、冷凍保存することが可能です。

鯖 サバ ｜ 3日目

使う金柑は宮崎産が絶品だとか！
サバの金柑カルパッチョ

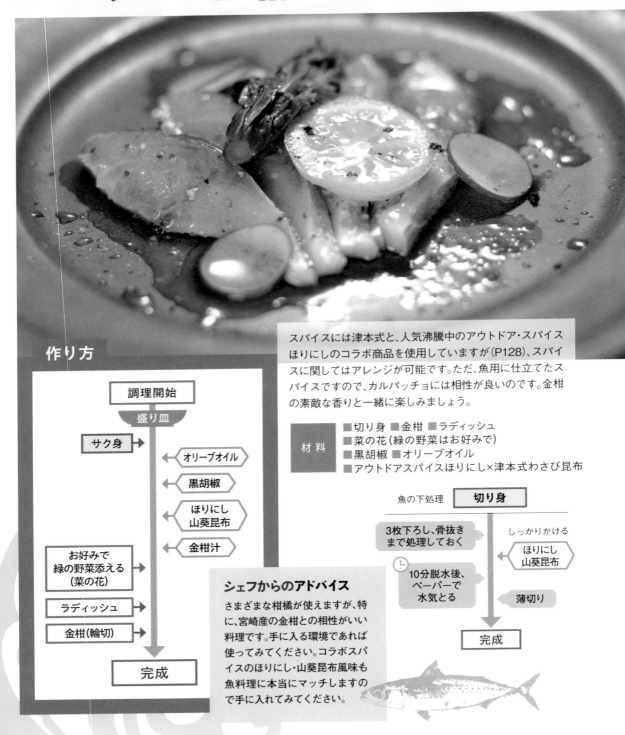

スパイスには津本式と、人気沸騰中のアウトドア・スパイスほりにしのコラボ商品を使用していますが（P128）、スパイスに関してはアレンジが可能です。ただ、魚用に仕立てたスパイスですので、カルパッチョには相性が良いのです。金柑の素敵な香りと一緒に楽しみましょう。

材料
- 切り身 ■ 金柑 ■ ラディッシュ
- 菜の花（緑の野菜はお好みで）
- 黒胡椒 ■ オリーブオイル
- アウトドアスパイスほりにし×津本式わさび昆布

作り方

調理開始
↓
盛り皿
↓
サク身 →
- ← オリーブオイル
- ← 黒胡椒
- ← ほりにし 山葵昆布
- ← 金柑汁

- お好みで 緑の野菜添える（菜の花） →
- ラディッシュ →
- 金柑（輪切） →
↓
完成

シェフからのアドバイス

さまざまな柑橘が使えますが、特に、宮崎産の金柑との相性がいい料理です。手に入る環境であれば使ってみてください。コラボスパイスのほりにし・山葵昆布風味も魚料理に本当にマッチしますので手に入れてみてください。

魚の下処理 **切り身**

- 3枚下ろし、骨抜きまで処理しておく
- しっかりかける ← ほりにし 山葵昆布
- 🕐 10分脱水後、ペーパーで水気とる
- 薄切り
↓
完成

鯖 サバ ｜ 4日目

ヘルシーな 締めサバ磯部巻き

巻き寿司？ いいえ、ごはんを使わない磯部巻きなのです！

材料
- 締めサバ切り身 ■ 焼き海苔
- 大葉 ■ ねぎ ■ 茗荷(野菜はお好みで)
- ごま ■ 出汁醤油 ■ ごま油

作り方

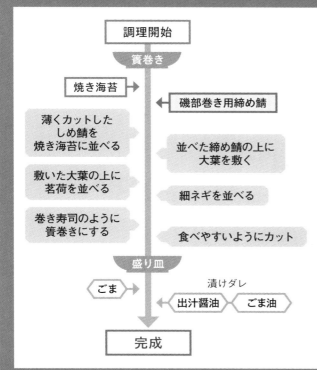

調理開始
↓
簀巻き

焼き海苔 → ← 磯部巻き用締め鯖

薄くカットした
しめ鯖を
焼き海苔に並べる
→ 並べた締め鯖の上に
大葉を敷く

敷いた大葉の上に
茗荷を並べる
→ 細ネギを並べる

巻き寿司のように
簀巻きにする
→ 食べやすいようにカット

↓
盛り皿
ごま → ← 漬けダレ
出汁醤油 ＞ ＜ ごま油
↓
完成

今回は締めサバを具材に使っていますが、いろいろな魚で応用可能な料理です。ごはんを使っていないのでヘルシーですし、彩もよく映えるのも特徴。お酒のおつまみにも最適な一品。ねぎや茗荷を合わせて本当に美味しくいただけますよ！ 魚の脂が馴染み始めるタイミング。ここから魚はぐっと美味しくなってきます。

磯部巻き用しめ鯖

サク身
(酢締め)

鯖2日目(P97)
締め鯖の
作り方参照

→ 薄めにカットする
(焼き海苔1/2枚が
埋まるくらいの
量を用意)

↓
完成

鯖 サバ ｜ 5日目

季節の野菜をしっかり魚に合わせて食べる！
サバの生春巻き

こちらの具材にも締めサバを利用しています。磯部巻き同様に季節の野菜を巻き込んでヘルシーにいただける料理。漬けタレを工夫することで、広がりを見せますので、アレンジして楽しんでみてください。今回はエスニック風と和風ダレをレシピとして用意しました。脂身が少ない個体などには、エスニックだれの油っぽさが旨みを増してくれるかも。

材料　■締めサバ切り身 ■生春巻き ■季節の野菜各種 ■レモン ■ナンプラー ■はちみつ ■酢 ■赤唐辛子 ■ライム汁 ■飴掛けカシューナッツ ■出汁昆布醤油 ■生胡椒塩漬け

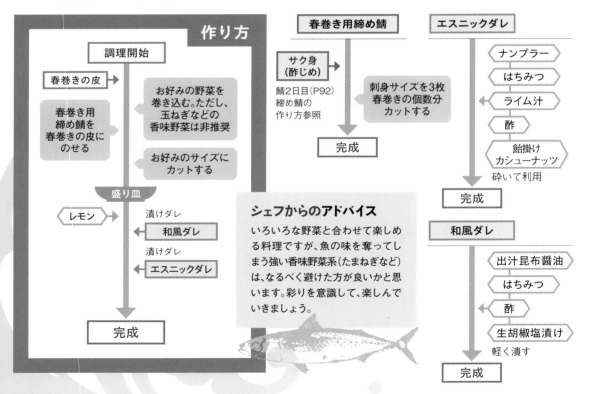

作り方

調理開始

春巻きの皮 →

春巻き用締め鯖を春巻きの皮にのせる

お好みの野菜を巻き込む。ただし、玉ねぎなどの香味野菜は非推奨

お好みのサイズにカットする

盛り皿

レモン → 漬けダレ **和風ダレ**

漬けダレ **エスニックダレ**

完成

春巻き用締め鯖

サク身（酢じめ）

鯖2日目（P92）締め鯖の作り方参照

刺身サイズを3枚春巻きの個数分カットする

完成

エスニックダレ

ナンプラー
はちみつ
ライム汁
酢
飴掛けカシューナッツ
砕いて利用

完成

和風ダレ

出汁昆布醤油
はちみつ
酢
生胡椒塩漬け
軽く漬す

完成

シェフからのアドバイス

いろいろな野菜と合わせて楽しめる料理ですが、魚の味を奪ってしまう強い香味野菜系（たまねぎなど）は、なるべく避けた方が良いかと思います。彩りを意識して、楽しんでいきましょう。

鯖 サバ | 6日目

野菜と魚をおいしくいただく

サバのアヒージョ

本書では何度も言っていますが、津本式で寝かせた魚、熟成させた魚は火を入れる調理と非常に相性がいいのです。生、半生の刺身系もいいですが、焼き料理にも注目してください。旨みがぐっと主張し出す6日目。普通なら足の早いサバも、正しい処理をすれば食材としての幅が広がるのです。いつものアヒージョとは違うはずですよ。

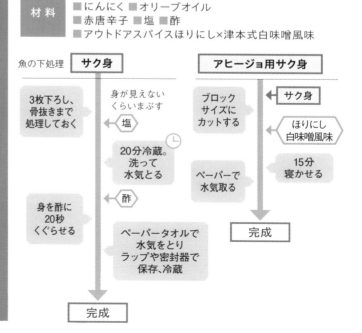

作り方

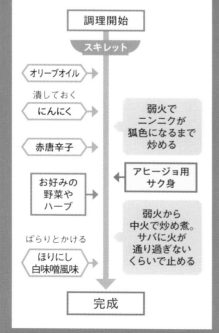

調理開始

スキレット

オリーブオイル →

潰しておく
にんにく →

赤唐辛子 →

→ 弱火でニンニクが狐色になるまで炒める

← アヒージョ用サク身

お好みの野菜やハーブ →

→ 弱火から中火で炒め煮。サバに火が通り過ぎないくらいで止める

ぱらりとかける
ほりにし白味噌風味 →

完成

材料	■サク身 ■季節の野菜各種 ■にんにく ■オリーブオイル ■赤唐辛子 ■塩 ■酢 ■アウトドアスパイスほりにし×津本式白味噌風味

魚の下処理　**サク身**

3枚下ろし、骨抜きまで処理しておく

身が見えないくらいまぶす
← 塩

20分冷蔵。洗って水気とる

← 酢

身を酢に20秒くぐらせる

ペーパータオルで水気をとりラップや密封器で保存、冷蔵

完成

アヒージョ用サク身

← サク身

ブロックサイズにカットする

→ ほりにし白味噌風味

ペーパーで水気取る

→ 15分寝かせる

完成

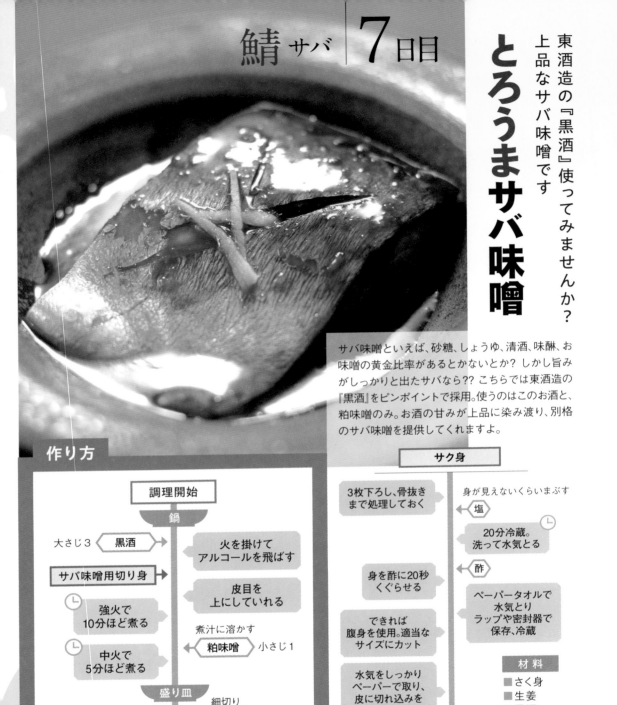

とろうまサバ味噌

東酒造の『黒酒』使ってみませんか？
上品なサバ味噌です

サバ味噌といえば、砂糖、しょうゆ、清酒、味醂、お味噌の黄金比率があるとかないとか？ しかし旨みがしっかりと出たサバなら?? こちらでは東酒造の『黒酒』をピンポイントで採用。使うのはこのお酒と、粕味噌のみ。お酒の甘みが上品に染み渡り、別格のサバ味噌を提供してくれますよ。

作り方

鍋

調理開始
↓
大さじ3 → 黒酒 →　火を掛けてアルコールを飛ばす
↓
サバ味噌用切り身 →　皮目を上にしていれる
↓
🕐 強火で10分ほど煮る
↓
🕐 中火で5分ほど煮る
煮汁に溶かす 粕味噌 → 小さじ1

盛り皿

身を盛り付けた後に煮汁をもう1回沸かせて好みのとろみ加減で火をとめてかける

細切り お好みで
生姜

完成

サク身

3枚下ろし、骨抜きまで処理しておく
身が見えないくらいまぶす
← 塩
↓
20分冷蔵。洗って水気とる
🕐
← 酢
身を酢に20秒くぐらせる
↓
ペーパータオルで水気とりラップや密封器で保存、冷蔵
↓
できれば腹身を使用。適当なサイズにカット
↓
水気をしっかりペーパーで取り、皮に切れ込みを入れる

完成

材料

■ さく身
■ 生姜
■ 黒酒
■ 粕味噌
■ 塩
■ 酢

シェフからのアドバイス

SNSで教えてもらった鹿児島の酒蔵、東酒造の黒酒。いろいろな料理に愛用しています。お酒、味醂、砂糖の3種が調味料に入っているなら、この黒酒で代用できると思います。旨みが強く、味が華やかになります。

真鯛
真鯛のレシピ

日本人の魚好きの原点。

　マダイといえば、古くから縁起物として扱われる高級魚。非常に日本人に愛され、特別視されてきた魚だ。香りと脂のりの良い白身魚で、さまざまな料理に使われる。人気の魚種ということもあり養殖業も盛んで、特に愛媛県の伊予、宇和島界隈の養殖マダイはブランド化されている。今回は、その養殖マダイに津本式を取り入れている赤坂水産の白寿真鯛ブランドに関わる料理人のみなさんに、レシピを紹介していただいている。

　マダイは、一般的には旬は春と言われているがそれは大きな間違い。春は産卵のために近海に集まって来やすく、捕獲しやすいことからもてはやされるが、産卵期のマダイの身はエネルギーも少ないうえに、脂のりも悪い。そんな魚をもてはやすのは資源管理の観点からも問題だと、津本光弘さんは常々語っている。実際の旬は秋から真冬にかけて。

　津本式との相性は悪くないが、多くの魚種のなかでは、熟成に比較的技術が必要な魚だと言われている（個体差あります）。一般的には捕獲後、7日ていどまでを基準に食べ切ってしまうほうが安全。技術が無ければ、長く寝かせれば寝かせるだけ美味しくなるわけではないので、料理の着地点を見据えて、使い切ってしまうようにしたい。

マダイ 担当料理人紹介

　愛媛県西予市の赤坂水産は津本式を施した人気の養殖マダイ、白寿真鯛、白寿真鯛ZERO を扱っており、そちらの食材を気に入り扱っている同市の有志が今回の書籍のマダイレシピに協力してくださった。津本式を施した素材の良さを理解し、その良さを引き出すことに長けた3人のレシピに注目してください。

宇都宮大輔 ［うつのみや だいすけ］

寿司 和泉屋
■住所：愛媛県西予市三瓶町朝立1-438-50
■電話：0894-33-0305

愛媛県西予市の老舗寿司屋の大将。和泉屋は戦前から続く老舗で、現在は鯛飯をメインとしたメニューを提供する大人気店。あのヨーロッパのグルメガイドにも掲載された名店。

宮部賢一 ［みやべ けんいち］

マテリアーレ・ダ・クイ
■住所：愛媛県西予市宇和町卯之町4丁目447
■電話：0894-62-7791

地元でも非常に評価の高いイタリアンレストランを営むシェフ。有名ホテルや、東京でも修行を積み、西予市に店をオープン。地元食材をふんだんに使う、料理の数々は正に絶品。

米木 康 ［よねき やすし］

シーサイドうわかい
■住所：愛媛県西予市三瓶町下泊24-2
■電話：0894-34-0770

西予市のはずれ、宇和海を眺望できる断崖にある宿を営む。部屋から望む景色は素晴らしいの一言。景色だけでなく、魚料理をメインとした食事のレベルの高さに多くの人が驚き評判が高い。釣り船も貸し出しており釣り客も多い。

真鯛 マダイ

1日目

食感たのしむ 真鯛のなめろう

サイコロ状に身を整えて、若い身の食感をたのしむ

担当：米木 康

なめろうといえば、身をたたくことが多い調理法ですが、こちらは鮮度の高い魚のコリコリ感をたのしむ方向にふったなめろう。きゅうり、らっきょう、やまいもなどを和えて魚の身以外の食感もプラス。見た目も楽しめる料理です。

作り方

調理開始

適当な大きさに刻み和える
- きゅうり
- らっきょう
- 山芋
- 葉山葵の佃煮
- ゆずの皮

下処理したサク身をサイコロサイズにカットする

具材と和える
- 柚子ごま
- お味噌
- オリーブオイル
- しょう油

セルクルの型に入れる

盛り皿

型から取り出して盛り付ける
- 海藻麺
- いくら
- ゆずの皮
- マスタードスプラウト
- ドレッシング

完成

材料

■サク身 ■きゅうり ■らっきょう ■山芋
■葉山葵の佃煮 ■海藻麺 ■いくら
■マスタードスプラウト ■ゆず ■柚子ごま ■ごま
■お味噌 ■オリーブオイル ■醤油

ドレッシング
- オリーブオイル
- ごま
- 醤油
- お味噌

完成

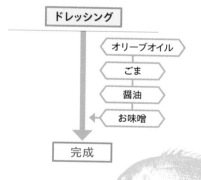

シェフからのアドバイス

身は5mm程度を基準にカットするとよいです。10mmくらいまでは良いかと思います。食感は大きくするほど、よくなりますよ。

真鯛 マダイ ┃ 2日目

三瓶の鯛飯

最強の鯛飯。
最強の卵かけご飯。

担当:宇都宮大輔

鯛飯と聞くと、炊き込みご飯を連想する人も多いかと思いますが、取材させていただいたシェフの地域では鯛飯といえば、刺身を切りつけて、薬味、卵黄、醤油ダレを混ぜて、あつあつご飯でいただく料理です。醤油は九州、四国西部では一般的な甘い醤油を使うのがおすすめです。

作り方

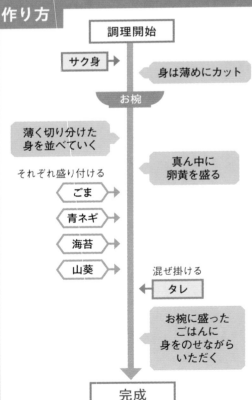

```
            調理開始
      サク身 ──→  身は薄めにカット
            お椀
  薄く切り分けた ──→
  身を並べていく
  それぞれ盛り付ける      真ん中に
      ＜ごま＞──→     卵黄を盛る
      ＜青ネギ＞──→
      ＜海苔＞──→
      ＜山葵＞──→
                  混ぜ掛ける
              ←── タレ
                 お椀に盛った
                 ごはんに
                 身をのせながら
                 いただく
            完成
```

材料
- サク身 ■ ごま ■ 青ねぎ
- 海苔 ■ 山葵 ■ 醤油 ■ ごま油

```
      タレ
      ──────
        ←── 醤油
      風味出す程度
       ＜ごま油＞
      完成
```

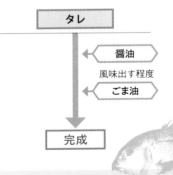

シェフからのアドバイス

掛けるタレは、出汁醤油でもかまいません。ごま油は少し風味を出すていどプラスすると美味しくなります。

真鯛 マダイ | 2日目

地方の柑橘でアレンジ。
さっぱりすっきりカルパッチョ

鯛と文旦の**カルパッチョ**

担当：宮部賢一

作り方

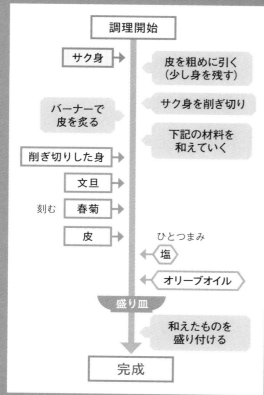

マダイの皮と身、土佐文旦を、オリーブオイルと少量の塩でまとめたシンプルなカルパッチョ。柑橘の甘みと酸味が、しっかりと主役を引き立ててくれます。地方の柑橘類でアレンジしてみてください。晩白柚、はっさく、いよかんなどなど。レパートリーはひろがります。寝かせも熟成も若いタイミングのマダイを使っていますが、こちらはお好みでコントロールしましょう。

材 料	■サク身 ■文旦 ■春菊 ■塩 ■オリーブ油

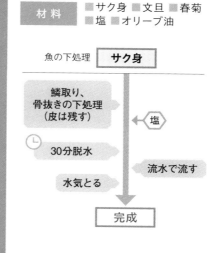

フローチャート（作り方）:

調理開始
- サク身 → 皮を粗めに引く（少し身を残す）
- サク身を削ぎ切り
- 下記の材料を和えていく
- バーナーで皮を炙る
- 削ぎ切りした身
- 文旦
- 刻む 春菊
- 皮
- 塩（ひとつまみ）
- オリーブオイル
- 盛り皿
- 和えたものを盛り付ける
- 完成

フローチャート（魚の下処理）:

魚の下処理 サク身
- 鱗取り、骨抜きの下処理（皮は残す）
- 塩
- 30分脱水
- 流水で流す
- 水気とる
- 完成

鯛皮の酢の物

三杯酢で楽しむ、さっぱり酢の物

担当:宇都宮大輔

引いた皮も美味しくいただきましょう。お湯にさっと湯通しして、氷水で締めたら、そちらを三杯酢で和えていただきます。三杯酢は市販品もありますので、そちらを利用しても問題ありません。どんなタイミングでも楽しめる料理ですが、皮は寝かせたり熟成させたりすると雑菌も繁殖しやすいですので、少し早めにいただく方がよいでしょう。

材料 ■サク身 ■きゅうり ■わかめ
■レモン ■三杯酢（砂糖、醤油、酢）

作り方

```
調理開始
  │
 お鍋 ← 水
  │
 皮 → 火を入れる
     10秒湯通し 🕐
     皮を氷水で締める
  │
 お椀
  │
     ← 三杯酢
 きゅうり →
 わかめ →
     ← レモン
  │
 完成
```

```
三杯酢
  │              割合
  ← 砂糖          2
  ← 醤油          1
  ← 酢            3
  │
 完成
```

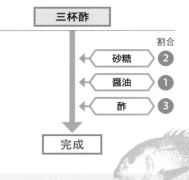

シェフからのアドバイス

和えるきゅうりは、飾りですので蛇腹切りしておりますが、輪切りにして和えても問題ありません。

真鯛の骨蒸し

捌いたあとの、頭もアラもメインディッシュに早変わり

担当：宇都宮大輔

津本式で仕立てた魚の特徴は言わずもがな、高い精度の血抜きがされていることなのですが、この仕立ての影響は頭やアラ、内臓にまで及びます。出汁を取るときの灰汁の量なども極端に少なく、澄んだ出汁がとれます。ですので、骨蒸しのような料理も、臭みがあまり顔を覗かせず、非常に上品な料理としていただけるのです。血抜きされていれば、日持ちはしますが、寝かせる場合は目や脳などの内臓は取り除いておくことをおすすめします。

材料 ■頭や、アラ身 ■昆布 ■清酒 ■塩 ■ポン酢 ■青ねぎ ■紅葉おろし

作り方

```
調理開始
  ↓
 トレー
  ↓           昆布
アラ身 →     トレーの下に引く
  ↓           清酒
  ↓        清酒をヒタヒタに注ぐ
 塩 →     豆腐や、きのこ類を
           入れる場合は
           このタイミングで投入
  ↓
 蒸し器
🕐         トレーごと蒸し器に入れる
10〜15分
ポン酢     盛り皿
青ネギ     昆布を抜いて
紅葉おろし → 食材を盛り付ける
  ↓
 完成
```

魚の下処理 → **アラ身**

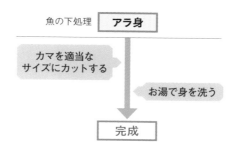

```
カマを適当な
サイズにカットする
        ↓
   お湯で身を洗う
        ↓
      完成
```

真鯛 マダイ｜4日目

真鯛のハムカツ

真鯛本来の香りや旨みがひきたつカツです　担当:宮部賢一

材料
- サク身
- 生ハム
- 聖護院大根
- 小麦粉
- 塩
- にんにく
- ドライイースト
- パセリ
- 紅レモン
- 油

下処理として、生ハムに真鯛を巻き込むのですが、そのときの生ハムの塩味や旨みが良い具合に真鯛の身に浸透して相乗効果。しかも、真鯛の旨みがグッと引き立つ4日前後。レアに揚げて、食感も楽しみましょう。シンプルな大根ソースでも、しっかり味が主張する素晴らしいバランスの一品です。

作り方

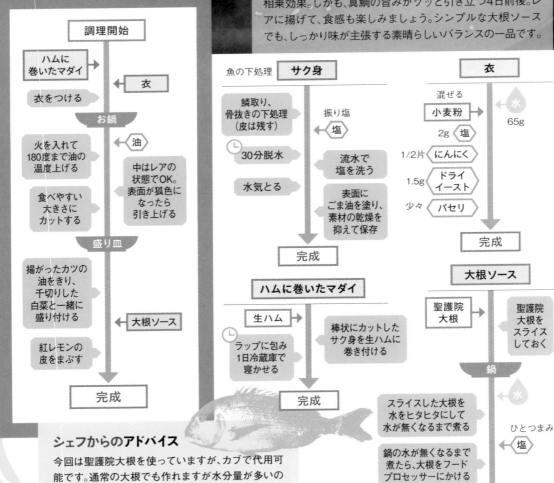

調理開始
- ハムに巻いたマダイ → 衣
- 衣をつける

お鍋 ← 油
- 火を入れて180度まで油の温度上げる
- 食べやすい大きさにカットする

中はレアの状態でOK。表面が狐色になったら引き上げる

盛り皿
- 揚がったカツの油をきり、千切りした白菜と一緒に盛り付ける ← 大根ソース
- 紅レモンの皮をまぶす

完成

魚の下処理　**サク身**
- 鱗取り、骨抜きの下処理（皮は残す）
- 30分脱水
- 水気とる

振り塩 ← 塩
- 流水で塩を洗う
- 表面にごま油を塗り、素材の乾燥を抑えて保存

完成

ハムに巻いたマダイ
- 生ハム →
- ラップに包み1日冷蔵庫で寝かせる
- 棒状にカットしたサク身を生ハムに巻き付ける

完成

衣
混ぜる
- 小麦粉 ← 水 65g
- 塩 2g
- にんにく 1/2片
- ドライイースト 1.5g
- パセリ 少々

完成

大根ソース
- 聖護院大根
- 聖護院大根をスライスしておく

鍋 ← 水
- スライスした大根を水をヒタヒタにして水が無くなるまで煮る ← 塩 ひとつまみ
- 鍋の水が無くなるまで煮たら、大根をフードプロセッサーにかける

完成

シェフからのアドバイス
今回は聖護院大根を使っていますが、カブで代用可能です。通常の大根でも作れますが水分量が多いので煮立てたりする際に、水分量を調節してください。

真鯛 マダイ｜5日目

炙ると変わる、味と食感を意識しましょう
真鯛のお寿司食べくらべ

担当：宇都宮大輔

津本式で仕立てた魚と、そうでない魚の差が現れやすいタイミングが5日前後。旨みと魚の脂が身にしっかりと行き届き始める最初のタイミングといえます。手に入るなら、鮮度の高い1日、2日前後の魚と食べ比べてみてください。今回は、通常のネタと炙りのネタで、火を入れることで起こる味の変化を実感してみましょう。

作り方

調理開始

- しゃりを作る
- しゃりをにぎる

炙りネタ →
山葵 →

- 炙りネタをにぎる
- 同じ要領で炙っていないネタもにぎる

盛り皿

山葵 →
藻塩 →

完成

材料
- サク身
- しゃり
- 山葵
- ガリ
- 藻塩

※しゃりの作り方はP45参照

シェフからのアドバイス
炙り用のネタは皮をカットしないと、丸まってしまいます。皮だけ切って、身にはなるべく刃が入らないように注意しましょう。

魚の下処理｜ネタ

鱗取り、皮引き、骨抜きなどの下処理を施す

ネタのサイズにカットする

完成

炙りネタ

鱗取り、骨抜きなどの下処理をしたサクの皮に包丁で切れ目を入れる

串を打つ
バーナーで炙る

完成

真鯛 マダイ ｜ 5日目

真鯛のソテーとリゾット

香ばしく焼いたアラ身を使ったソースで食欲そそる

担当：宮部賢一

材料

- サク身 ■お米
- 粉チーズ
- 無塩バター ■塩
- ごま ■醤油
- 片栗粉

炊いたお米と材料をまぜたリゾットは、冷やすことで固まります。寝かせたり熟成させたりした魚は、旨みが強く出ていますので、ソテーすることでさらに味が引き立ちます。そんな美味しさが溢れ出すマダイのソテーとリゾットを、特性のソースでいただけば幸せな時間が訪れるでしょう。

作り方

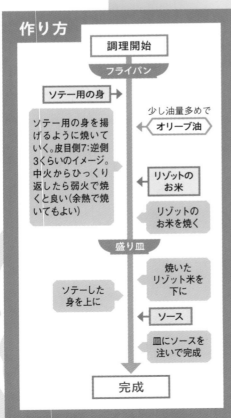

調理開始

フライパン

ソテー用の身 →

ソテー用の身を揚げるように焼いていく。皮目側7：逆側3くらいのイメージ。中火からひっくり返したら弱火で焼くと良い（余熱で焼いてもよい）

少し油量多めで
← オリーブ油

← リゾットのお米

リゾットのお米を焼く

盛り皿

焼いたリゾット米を下に

ソテーした身を上に

← ソース

皿にソースを注いで完成

完成

魚の下処理 **サク身**

鱗取り、骨抜きの下処理（皮は残す）

振り塩
塩

30分脱水

水気とる

流水で塩を洗う

表面にごま油を塗り、素材の乾燥を抑えて保存

完成

ソース

← 焼いたアラ身

鍋

水

塩

醤油

コトコト煮て出汁をとる

とろみつける
溶き片栗粉 →

完成

リゾットのお米

ご飯に混ぜる

15g 粉チーズ →

炊いたお米 100g

少々 塩

少々 ごま

10g 無塩バター

マンケ型

冷やして混ぜたご飯を固める

完成

シェフからのアドバイス

リゾットは冷やすことでバターが固まり、固形化します。マンケ型を使っていますが、お持ちでない方はおにぎりの容量で固めて、冷やしておけば大丈夫です。

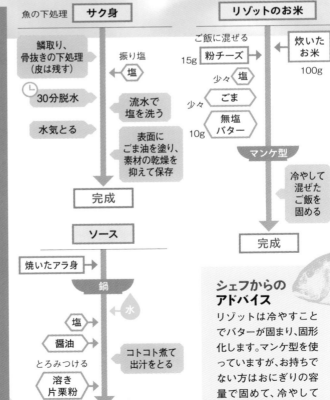

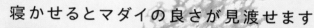

寝かせるとマダイの良さが見渡せます

春菊ソースの真鯛ソテー

担当：米木康

材料
- サク身　オリーブオイル
- フランスパン　海老　春菊
- ピーナッツ　マッシュポテト
- 小麦粉　コンソメ　薄力粉

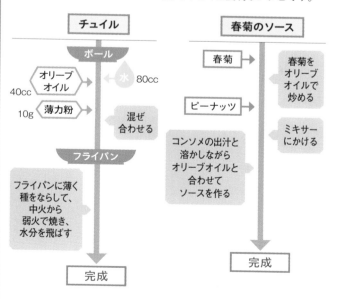

美しく飾られたマダイのソテー。シェフの米木さんは、魚の下処理については、魚のコンディション次第で調整されているため、基本的に明記は無し。気になる方は、標準的な脱水処理などをしておくとよいでしょう。キモはやはり春菊ソース。こちらいろいろな魚に合わせられるので、覚えておくと便利なレシピです。

作り方

調理開始
↓
フライパン
　← オリーブオイル
　← 適当な大きさにカット
下処理したサク身の皮目をパリッと焼く
↓
盛り皿
　← 焼いたフランスパン
パンの上にソテーした切り身添える
下ゆでしてソテーした海老を切り身に添える
← マッシュポテトと春菊のソースを和えたものを海老に挟む
← **チュイル**
海老にチュイル添える。ソースで和えたマッシュポテトを使って立てる
← 春菊のソース
砕いたピーナッツをちらして炒めた春菊を添えたら完成
↓
完成

チュイル

ボール
オリーブオイル 40cc
薄力粉 10g
← 水 80cc
→ 混ぜ合わせる
↓
フライパン
フライパンに薄く種をならして、中火から弱火で焼き、水分を飛ばす
↓
完成

春菊のソース

春菊 → 春菊をオリーブオイルで炒める
ピーナッツ → ミキサーにかける
コンソメの出汁と溶かしながらオリーブオイルと合わせてソースを作る
↓
完成

真鯛 マダイ | 6日目

さっと作れる、手軽さが魅力です

鯛のまかない クリームソースパスタ

担当：米木康

作り方

```
            調理開始
              │
         ┌ フライパン ┐
              ↓
  下処理した          ← オリーブ
  サク身（皮あり）と、きのこ、     オイル
  ほうれん草をソテーする
                        胡椒

                         塩

  茹でたスパゲティを加え、
  オイルソース、茹で汁、
  生クリームを入れて和える

         ┌ 盛り皿 ┐
              ↓
              パスタを
              盛り付ける
              │
              ↓
            完成
```

レシピの取材時に、担当の米木さんが、さっと作ってくださったまかないパスタ。あまりにも美味しかったので、そのまま書籍に掲載することに。「あまり特別なことはしていませんよ」とシェフは笑いますが、手軽に作れるパスタは忙しい日にきっと助けてくれるはずです

材料

■サク身　■にんにく　■玉ねぎ　■醤油
■オリーブオイル　■塩　■胡椒

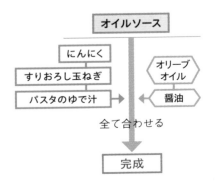

```
         オイルソース
    ┌────────┴────────┐
  にんにく
                        オリーブ
  すりおろし玉ねぎ          オイル

  パスタのゆで汁    →    ←  醤油

         全て合わせる
              │
              ↓
            完成
```

あらゆる魚で試せる郷土料理。寝かしや熟成で味が抜けた「旨味の谷間」の魚を使っても、しっかりとした旨みが残る魚を使ってもよし。魚の状態を選びません。作り置きしておけば、そこから5〜6日は保存がきくのも嬉しいかぎり。調味も細かいことは言いません。「酔っ払いながら作る料理」と担当の宇都宮さんはいいます。味が濃くなっても薄くなっても後で調整すればよいそうです。おおらかにいきましょう。あたり鉢（すり鉢）は用意しておきましょう。できたさつまをご飯にたっぷり掛けていただいて下さい。

余った身を大集合。
保存も出来る郷土料理

真鯛の残り身で
作るさつま

担当：宇都宮大輔

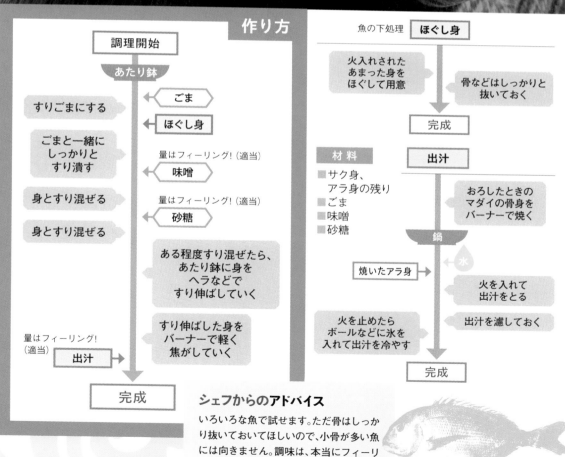

作り方

魚の下処理 **ほぐし身**

調理開始

あたり鉢

ごま

すりごまにする

ほぐし身

ごまと一緒にしっかりとすり潰す

量はフィーリング！（適当）
味噌

身とすり混ぜる

量はフィーリング！（適当）
砂糖

身とすり混ぜる

ある程度すり混ぜたら、あたり鉢に身をヘラなどですり伸ばしていく

すり伸ばした身をバーナーで軽く焦がしていく

量はフィーリング！（適当）
出汁

完成

火入れされたあまった身をほぐして用意

骨などはしっかりと抜いておく

完成

出汁

材料
■サク身、アラ身の残り
■ごま
■味噌
■砂糖

おろしたときのマダイの骨身をバーナーで焼く

鍋

焼いたアラ身

水

火を入れて出汁をとる

火を止めたらボールなどに氷を入れて出汁を冷やす

出汁を濾しておく

完成

シェフからのアドバイス

いろいろな魚で試せます。ただ骨はしっかり抜いておいてほしいので、小骨が多い魚には向きません。調味は、本当にフィーリング。好みに合わせて調味してください。

真鯛 マダイ ｜ **7**日目

おもりで強制脱水。じっくり仕上げて味わう絶品
真鯛の生ハム

担当：米木康

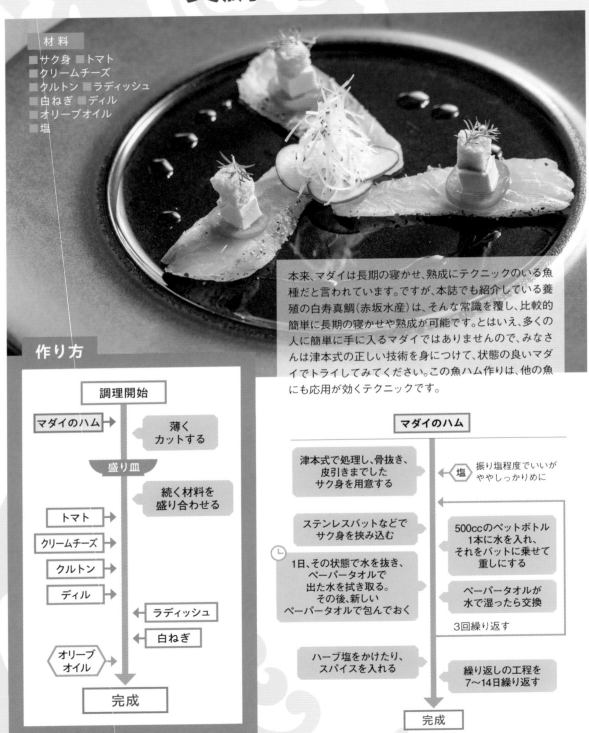

材料
- サク身　■トマト
- クリームチーズ
- クルトン　■ラディッシュ
- 白ねぎ　■ディル
- オリーブオイル
- 塩

本来、マダイは長期の寝かせ、熟成にテクニックのいる魚種だと言われています。ですが、本誌でも紹介している養殖の白寿真鯛(赤坂水産)は、そんな常識を覆し、比較的簡単に長期の寝かせや熟成が可能です。とはいえ、多くの人に簡単に手に入るマダイではありませんので、みなさんは津本式の正しい技術を身につけて、状態の良いマダイでトライしてみてください。この魚ハム作りは、他の魚にも応用が効くテクニックです。

作り方

```
調理開始
  │
マダイのハム → 薄くカットする
  │
盛り皿
  │
  └→ 続く材料を盛り合わせる
トマト →
クリームチーズ →
クルトン →
ディル →
  ← ラディッシュ
  ← 白ねぎ
オリーブオイル →
  │
完成
```

マダイのハム

```
津本式で処理し、骨抜き、皮引きまでしたサク身を用意する
  ← 塩  振り塩程度でいいがややしっかりめに
  │
ステンレスバットなどでサク身を挟み込む
  │                    500ccのペットボトル1本に水を入れ、それをバットに乗せて重しにする
1日、その状態で水を抜き、ペーパータオルで出た水を拭き取る。その後、新しいペーパータオルで包んでおく
                       ペーパータオルが水で湿ったら交換
                       3回繰り返す
  │
ハーブ塩をかけたり、スパイスを入れる
                       繰り返しの工程を7〜14日繰り返す
  │
完成
```

白寿真鯛と津本式

養殖産業に新たな可能性を吹き込んだ津本式。
愛媛の赤坂水産の先鋭的な取り組みは
なぜ挑戦だったのだろうか。

白寿真鯛とは、愛媛県西予市三瓶町で魚の養殖業を行う、赤坂水産が心血を注いでいる養殖マダイに名付けられたブランドだ。白寿真鯛の他に、魚粉飼料を使わずに育てられた白寿真鯛0（ゼロ）なども販売されている。

ゴマ入りの飼料で、抗酸化力を有するセサミンを身に宿した白寿真鯛。活魚で販売するなかで、料理人の方々や鮮魚販売店から、長期に保存しても身の色変わりが少ないと定評を得ていた。この魚の価値を、海外を含めた遠方のお客様にお届けするにはどうすればよいかと情報収集をする中で、津本式に出会った。

そもそも津本式を開発した津本光弘さんは、養殖魚の品質を高く評価しており、自身の津本式を養殖魚に施せば、それが養殖魚であることに食味で気づく人はほとんどいないと言うほど、養殖魚の持つ本来のポテンシャルを引き出せると語っていた。

いままでの常識を変える、そんな技術に、赤坂水産の赤坂竜太郎氏が注目したのは必然と言えるだろう。

そんな経緯もあり赤坂さんは津本式の技術を勉強、取得する。そして津本さんとの交流を深め、自社で生産するマダイにその技術を取り入れたのだ。

とはいえ、津本式が浸透し始めた現在でも、まだ活魚・新鮮への支持が根強い業界である。津本式は、生簀から引き揚げた魚を、素早く適切な方法で締め、冷却し、そして、血抜き処理、脱水処理をする。がスキームだ。つまり、死魚になる。鮮度こそが魚の価値と捉えるこの業界だ。この処理を行って果たしてそれを価値と捉える客が存在するのだろうか。そんな不安があったに違いない。しかし、その心配は杞憂だったのだ。

白寿真鯛と津本式

「津本式の処理をして、送り出した白寿真鯛なんですが、活魚などで送り出せなかった海外などの遠方地域のお客さんなどにも非常に評判がよいんですよ」

津本式の真骨頂は『驚異的な保存力』だと言っても良い。魚にパワーを残した状態で適切に処理された白寿真鯛は、非常に状態が良く、鮮度状態も良好だ。

しかも、近年の研究で示唆されているように、魚は死後、ある程度の日数を経て旨味が強く発現し、身質が変化することでよりその旨味が感じやすくなる。

極論を言えば、必要以上に鮮度を求める必要はないとも言える。なにせ日が経てば旨みが増してくるからなのだ。

このあたりのロジックが料理人や一般の消費者にも徐々に浸透し始めた。この風向きに一石を投じたのが、津本光弘さんなのだ。そして、冒頭で話をしたように、養殖魚のポテンシャルを高める津本式との相性と相まって、白寿真鯛のブランドが広く認知されていくことになる。

「商いの世界で、通常の出荷に比べ時間も手間もかかる津本式の処理を続けていくためには、その分の加工賃をいただく必要があります。また、私たち生産者の使命は『育てた鯛を出来るだけ美味しく提供する』ことであるため、津本式より実用性と品質に優れた技術があればその方法を採用すべきと考えています。そんななかでも、津本式で仕立てた真鯛を毎年何万尾も出荷し続けることができる理由は、その価格以上の価値を感じ購入し続けて下さっている方々が国内外にいるためです。シビアな水産業界において、追加の工賃が発生する魚が選ばれる。これは驚くべきことです。」

赤坂水産の赤坂さんは非常に先鋭的な取り組

大掛かりな設備が必要になる活魚運搬だが、赤坂水産は活魚運搬車も導入している。鮮度を求める消費者のためにも手は抜かない。

活魚・鮮魚という価値観のほかに、津本式による白寿真鯛という選択肢も作り出した。適切迅速に処理された、養殖マダイたちは、あらたな可能性を生んでいる。

みをされることでも知られている。新しい商品となる白寿真鯛0は魚粉飼料を使わずに真鯛を育てることで、白寿真鯛とはまた違ったベクトルの価値を負荷しているのだ。

「白寿真鯛よりも、脂のりが抑えられることが奏功しているのか、より熟成調理に利用しやすく、質の良い天然魚に近い味わいになっていると評価をいただいています。こちらも手間がかかる魚なんですが、1尾1尾の価値を上げていく取り組みが評価されていて非常にうれしいですね」

津本式の革命は、こんな現場にも変化をもたらしているのだ。

鮭鱒
サケマスのレシピ

手に入りやすい魚だが……

一般的には川を登るシャケをイメージされる方も多いかもしれないが、今回は、鮭・鱒科全般を意識してレシピを提供いただいている。中には使用した薬膳サーモンのように赤身ではないかもしれないが、料理での応用方法は同じ。スーパーなどでは、津本式ができる状態の鮭鱒は手に入りにくいが、管理釣り場の大型ニジマス類などは、身質もサーモンに近いので津本式を含めた活用ができるだろう。また、近海で獲れるサクラマス（写真）などで試してみても面白いだろう。

サケマス 担当料理人
千津井由貴 [ちづい ゆき]

株式会社BKTC
■ https://www.bktc.co.jp/

女性寿司職人として、なでしこ寿司を開業。また、寿司研究家として、さまざまな活動を行う料理人実業家でもある。現在は株式会社BKTCを立ち上げ、薬膳サーモンブランドをプロデュース中。その過程で津本式を取り入れ、料理に活用している。臭みがなく栄養価の高い薬膳サーモンを今回の料理の主役に添えてレシピを提供いただいた。

鮭・鱒 サケマス ┃ 1日目

彩り豊かなサーモンですが、正直なところ釣りたて、新鮮なサーモンはあまり美味しくありません。数日間寝かせて食べるのが基本といえます。便宜上1日目に設定している料理ではありますが、無理やり1日目に食べる必要はありませんので悪しからず。まだ魚の旨みが出ていない若い段階では、お酢などをしっかり身に染み込ませることで、下味を補助し、食感を楽しんでいきましょう。

サーモンの酢締め

お酒のアテにさっと作る、そんな料理

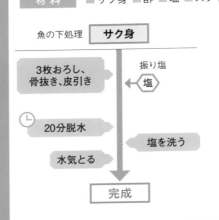

作り方

```
調理開始
  │
ステンレストレー
  │
サク身 ──→
       ←── 酢
              サーモンのサク身が
              隠れるくらいの酢で浸し、
              冷蔵庫に入れる

🕐 表と裏を
   5分づつ
   浸すこと
              サーモンをカットする
  │
盛り皿
  │
       ←── スプラウト系
スプラウトは
塩揉みしておく
              カットしたサーモンで
              スプラウトを巻いて
              アレンジ
  │
完成
```

材料 ■サク身 ■酢 ■塩 ■スプラウト系

```
魚の下処理    サク身
  │
3枚おろし、        振り塩
骨抜き、皮引き    ←── 塩

🕐 20分脱水
                   塩を洗う
水気とる
  │
完成
```

シェフからのアドバイス

食材のサーモンは薬膳で育てた北海道のサーモンを使用しています。独自配合の薬膳餌で育てられた鮭には余分な脂がのらず、栄養効果も高くなっています。ぜひ、このサーモンにも注目してください(P127で紹介)。

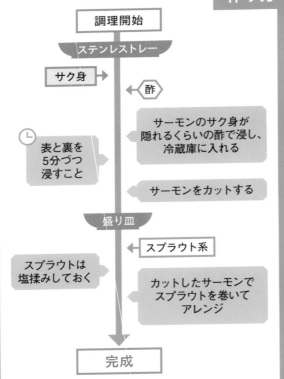

北海道で人気の芋もちリスペクト。
甘いみたらしダレでいただきましょう

北海道で人気のじゃがいも料理で、ゆがいたり焼いたりして甘いタレでいただくお菓子です。今回は、つぶしたじゃがいもにサーモンを練り込んで、風味を出すことで、お菓子ではなく、おかずとして美味しくいただける一品になっています。

サーモン花咲く芋もち風

作り方

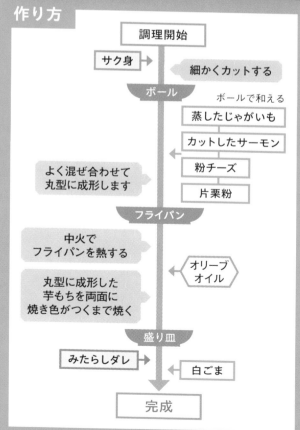

調理開始

サク身 → 細かくカットする

ボール

ボールで和える

蒸したじゃがいも
カットしたサーモン
粉チーズ
片栗粉

よく混ぜ合わせて
丸型に成形します

フライパン

中火で
フライパンを熱する

← オリーブ
オイル

丸型に成形した
芋もちを両面に
焼き色がつくまで焼く

盛り皿

みたらしダレ → ← 白ごま

完成

材料

■ サク身　■ じゃがいも　■ 粉チーズ
■ 片栗粉　■ オリーブオイル　■ 白ごま　■ 塩
■ 砂糖　■ 醤油　■ 味醂　■ 酒

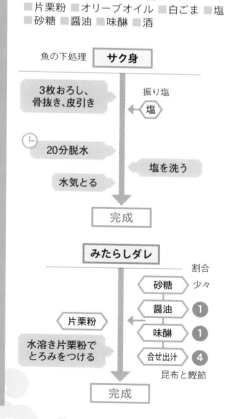

魚の下処理　**サク身**

3枚おろし、
骨抜き、皮引き

振り塩
← 塩

🕐 20分脱水

塩を洗う

水気とる

完成

みたらしダレ

割合

砂糖　少々
醤油　**1**
味醂　**1**
片栗粉

水溶き片栗粉で
とろみをつける

合せ出汁　**4**

昆布と鰹節

完成

サーモン薬膳式 江戸前寿司

女性寿司職人のセンス溢れる、3貫に注目です

材料

- サク身 ■米 ■ピスタチオ ■粗塩
- 塩 ■きくらげの醤油煮
- 白ごま ■ルッコラ
- 松の実 ■オリーブオイル
- ピンクソルト
- 酢 ■砂糖 ■塩

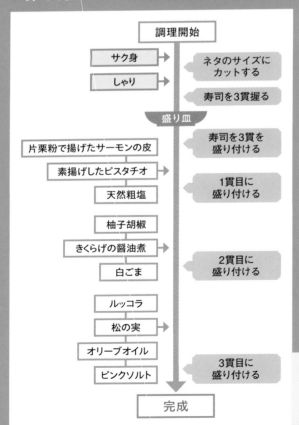

レシピを紹介してくれる千津井さんは寿司職人。自身がプロデュースする薬膳サーモンを今回は利用していますが、市販されているサーモンや赤身のトラウトなどでも代替は可能です。赤身の美しい薬膳サーモンをらしく彩った3貫。トッピングされている、ピスタチオやきくらげ、松の実が絶妙にこのサーモンに合うのです。

作り方

```
            調理開始
  ┌ サク身 ┐      → ネタのサイズに
  │ しゃり ┘         カットする
  │              → 寿司を3貫握る
  │   ── 盛り皿 ──
  │              → 寿司を3貫を
  │                 盛り付ける
 片栗粉で揚げたサーモンの皮
 素揚げしたピスタチオ → 1貫目に
 天然粗塩               盛り付ける
 柚子胡椒
 きくらげの醤油煮  → 2貫目に
 白ごま              盛り付ける
 ルッコラ
 松の実
 オリーブオイル   → 3貫目に
 ピンクソルト        盛り付ける
            完成
```

魚の下処理 **サク身**

```
3枚おろし、          振り塩
骨抜き、皮引き   ←    塩
(時) 20分脱水
水気とる          塩を洗う
            完成
```

しゃり

```
                     米1合に対して
                      酢 ) 18cc
                      砂糖 ) 27g
米1合に合わせた    ←
酢を入れてしゃりを作る   塩 ) 6g
            完成
```

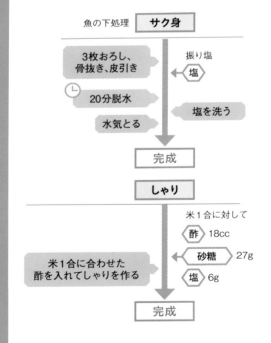

シェフからの**アドバイス**

サーモンの皮は皮引きしたあと、片栗粉をまぶし、オリーブオイルなどで揚げておいて下さい。カリッと揚げて、トッピングすれば食感のアクセントになります。

タンドリーサーモン

スパイシーでエスニック。各種のスパイスで複雑な味わい

ヨーグルトにスパイスを混ぜ一緒に漬け込むことで、風味がしっかり身に行き渡ります。ヨーグルトには身を柔らかくする効果もありますので、もう少し若い身のタイミングでこの技法を使っても面白いでしょう。ようやくサーモンも身がこなれてくるタイミング。ヨーグルトでさらに加速させて、美味しくいただきましょう。

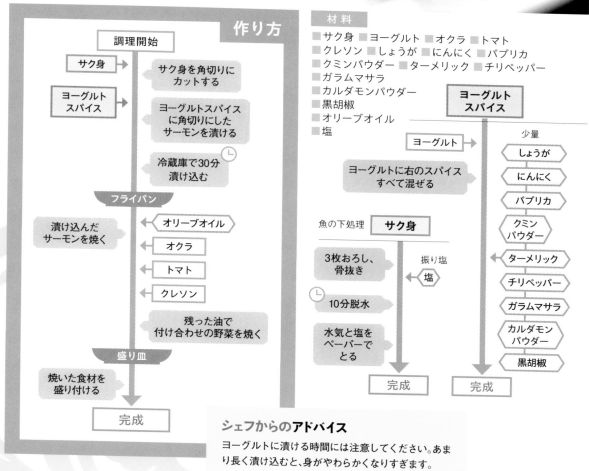

作り方

調理開始

サク身 → サク身を角切りにカットする

ヨーグルトスパイス → ヨーグルトスパイスに角切りにしたサーモンを漬ける

冷蔵庫で30分漬け込む

フライパン

漬け込んだサーモンを焼く ← オリーブオイル ← オクラ ← トマト ← クレソン

残った油で付け合わせの野菜を焼く

盛り皿

焼いた食材を盛り付ける

完成

材料

- サク身
- ヨーグルト
- オクラ
- トマト
- クレソン
- しょうが
- にんにく
- パプリカ
- クミンパウダー
- ターメリック
- チリペッパー
- ガラムマサラ
- カルダモンパウダー
- 黒胡椒
- オリーブオイル
- 塩

ヨーグルトスパイス

ヨーグルト → ヨーグルトに右のスパイスすべて混ぜる

少量
- しょうが
- にんにく
- パプリカ
- クミンパウダー
- ターメリック
- チリペッパー
- ガラムマサラ
- カルダモンパウダー
- 黒胡椒

完成

魚の下処理 **サク身**

3枚おろし、骨抜き

振り塩 ← 塩

10分脱水

水気と塩をペーパーでとる

完成

シェフからの**アドバイス**

ヨーグルトに漬ける時間には注意してください。あまり長く漬け込むと、身がやわらかくなりすぎます。

健康志向の素材でつくる、サーモンのちらし寿司

サーモン十六穀米薬膳ちらし寿司

材料

■サク身 ■かんぴょう ■きくらげ
■蓮根 ■錦糸卵 ■松の実 ■クコの葉
■いくら ■塩 ■酢 ■砂糖

ヘルシーで栄養価の高い雑穀米と、千津井さんのプロデュースする薬膳サーモン。それらの素材を使ったちらし寿司で元気になれそうな一品です。もちろん市販のサーモンでも代用できます。なかなか生のサーモンを手にいれる機会は少ないかもしれませんが、サーモンも津本式でしっかりと血抜きすることで、素材としての可能性は大いに広がります。

作り方

調理開始

→ お好みの雑穀米を炊く

しゃり酢 → しゃり酢を混ぜて雑穀米のしゃりを作る

細かく刻む

かんぴょう →
きくらげ →
蓮根 →

刻んだ具材をしゃりに混ぜる

盛り皿

混ぜた雑穀米を盛り付ける

← 錦糸卵
← 松の実
← クコの葉
← いくら

切り身 →

具材を盛り付ける。お好みで揚げたサーモンの皮、飾り用の花を添える

完成

魚の下処理 切り身

3枚おろし、骨抜き

振り塩 ← 塩

10分脱水

水気と塩をペーパーでとる

完成

しゃり酢

米1合に対して

酢 18cc

← 砂糖 27g

塩 6g

完成

薬膳サーモンの レアカツ

ぐっと旨みが増す6日前後。凝縮された味をレアで堪能しましょう

作り方

```
         調理開始
            │
     ┌─────────────┐
     │   サク身    │──→ ◇ 塩 ◇
     └─────────────┘
   右記の順番に          ◇ 胡椒 ◇
   調味しながら
   衣をつけていく       □ 小麦粉 □
            │
            │          □  卵  □
            ↓
                      □ パン粉 □
         フライパン
            │
  衣を付けたサク身を  ←  ◇ オリーブオイル ◇
  190度に熱した
  オリーブオイルで
  両面をさっと揚げる     適当な大きさに
            │          カットする
            ↓
          盛り皿
            │
                      カットした身を
                      盛り付ける
  ピスタチオソースを
  添える                お好みで
            │          野菜や花を
            ↓          盛り付ける
          完成
```

サーモンも寝かせや熟成が進むとしっかりと旨みが身に行き渡り始めます。身の脂もまわり、しっとしとした食感になっていることでしょう。そんな旨みの塊となっているサーモンをカツで美味しくいただきます。

材 料

■サク身 ■卵 ■マヨネーズ ■豆乳 ■ピスタチオ
■刻みパセリ ■塩 ■胡椒 ■小麦粉 ■パン粉
■オリーブオイル

```
魚の下処理   サク身         ピスタチオ
             │            タルタルソース
         3枚おろし、  振り塩        │
         骨抜き、  ← ◇塩◇      和える
         皮引き                   粗くあたり
             │                  鉢ですっておく
          10分脱水              ピスタチオ
             │                     │
         水気と塩を              マヨネーズ
         ペーパーで                 │
         とる                    豆乳
             │                     │
             ↓                  刻みパセリ
           完成                     │
                                    ↓
                                  完成
```

シェフからのアドバイス

比較的高めの油で、サッと揚げます。火を通しすぎず、中がレアな状態になるのが理想です。表面が色づいたらOKです。

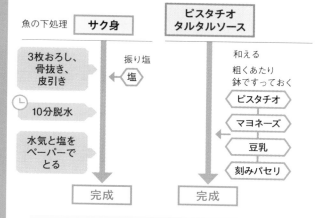

作り方

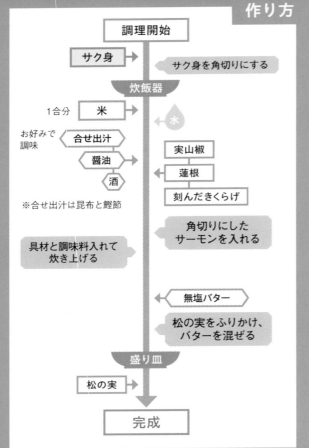

- 調理開始
  - サク身 → サク身を角切りにする
- 炊飯器
  - 1合分 米 ← 水
  - お好みで調味 合せ出汁 / 醤油 / 酒
  - ※合せ出汁は昆布と鰹節
  - 実山椒
  - 蓮根
  - 刻んだきくらげ
  - 角切りにしたサーモンを入れる
  - 具材と調味料入れて炊き上げる
  - 無塩バター
  - 松の実をふりかけ、バターを混ぜる
- 盛り皿
  - 松の実
- 完成

バター味が、食欲をそそる
異色の炊き込みごはん

薬膳サーモン山椒バター

炊き込みごはんといえば和風をイメージしてしまいますが、サーモンとバターで、和洋折衷。もともとサーモンとバターの相性は最高ですが、その風味と山椒が相まって、不思議なおいしさが生まれます。大人も子供も喜ぶ鉄板の一品です。

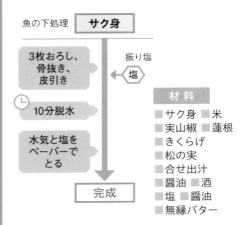

- 魚の下処理 **サク身**
  - 3枚おろし、骨抜き、皮引き ← 振り塩 塩
  - 10分脱水
  - 水気と塩をペーパーでとる
- 完成

材 料
- サク身 ■米
- 実山椒 ■蓮根
- きくらげ
- 松の実
- 合せ出汁
- 醤油 ■酒
- 塩 ■醤油
- 無縁バター

薬膳サーモンと津本式

今回、サーモンに関するレシピを提供してくれた千津井由貴さんは、新たな取り組みとして『薬膳サーモン』という養殖魚のブランドを株式会社BKTCを立ち上げプロデュースしている。

このサーモン養殖の分野は、最近非常に注目されている。さまざまなブランドが乱立するなか、千津井さんが目をつけたのが津本式と自社の薬膳サーモンとの融合だ。

赤坂水産の白寿真鯛については、P117よりコラムにて紹介しているが、他にも静岡県浜松市の伸東養魚有限会社の伸東ヒラメなども、津本式を取り入れて躍進した養殖魚ブランドだが、そういった動きは各地で起こっている。

比較的ローコストで、従来の魚の価値とはまた違った付加価値を与えてくれるのが津本式だ。

もともと、千津井さんがプロデュースする『薬膳サーモン』は自社で独自開発した薬膳飼料を使って魚を育てることもあり、栄養価が高く、安全で、必要以上の脂乗りを避けていることから、魚として臭みがなく、味が濃縮された品の良いサーモンとして評判ではあった。

そんな優良な食材、健康を意識した、安心安全高栄養価を謳ったサーモンに、津本式を施す。これにより品質の管理はもとより、より食味を向上させる手当ができるために、さらに商品の価値を高めることができたという。

そんなプロの目利きたちにより、津本式は活用され、幅広い可能性を産んでいるのだ。

千津井さんは女性寿司職人という肩書きを生かして、世界に向けて『SUSHI』という日本の食文化を伝えることもライフワークにしている。新進気鋭の職人たちの挑戦や、『薬膳サーモン』と津本式という魚の価値を高める取り組みにも、ぜひ注目してもらいたい。

株式会社BKTC
薬膳サーモン紹介サイト

魚用のスパイスを活用しよう!

　アウトドアスパイスほりにしをご存知だろうか？　近年の万能スパイスブームの火付け役と言っても過言ではないブランドのひとつだ。そういえば、魚用のほりにしってないよね？　そんな雑談からプロジェクトが始まり、魚仕立て師として注目を集めていた津本光弘さんがこの輪に加わった。

　どんなフレーバーにする？　魚の刺身を醤油だけで食べるなんて、なんだかつまらない。刺身にも掛けられるようなスパイスにしたい。

　津本さんが漏らした案が、そのまま採用され、

開発のベースとなり、津本さんと熟成魚の研究を行うまわりのシェフたちも巻き込んで、魚に合う『ほりにし』の開発が急ピッチで進められたのです。「熟成時の脱水なんかにも使いたい。下味としても機能させたい」

　そんな紆余曲折を経て生まれたのが『わさび昆布のフレーバーを持つ黄緑ラベル』。そして、和風で何にでも合う『白味噌風味の紺ラベル』なのだ。ここに魚用のほりにしが爆誕。今回のレシピ集にもぜひ、投入してもらいたいそんなスパイスです。

内外出版社の
津本式 関連書籍のご紹介

魚食革命
津本式 究極の血抜き【完全版】

監修 津本光弘
本体価格 1,450円

空手の形のように洗練され、そのひとつひとつに意味がある津本式の手順を、徹底的に解説した決定版。紹介した14魚種は、あらゆる魚に応用できるよう厳選。発売されて以来重版を重ねるベストセラー。津本さんの本人のYouTube動画と合わせてご覧いただければ、完全に津本式をマスターすることができます。

魚食革命
津本式と熟成

監修
津本光弘／白山洸／保野淳
最上翔／高橋希元
本体価格 1950円

津本式による驚異的な保存力より、魚の食材としての価値は一変しました。その圧倒的な保存力を盾に、いままで一部の料理人にしかなしえなかった魚の熟成が、多くの人に活用可能になりました。そのノウハウ、その基本を収録した1冊です。魚の熟成についてこれほど詳しく語った書籍は他にありません。必読！

監修
津本光弘(つもと みつひろ・株式会社 水流／有限会社 長谷川水産)

企画
保野淳(やすの じゅん・sushi bar にぎりて)

スペシャルサンクス
有限会社 長谷川水産／赤坂水産有限会社 赤坂竜太郎

レシピ提供
東健志郎(あずま けんしろう・築地Omakase寿司)

白山洸(しらやま あきら・熟成鮨 万)

黒木裕一(くろぎ ゆういち・鮨と魚肴 ゆう心)

川口雅由(かわぐち まさゆき・PILAW∴／燻火kawaguchi)

maO(まお)

宇都宮大輔(うつのみや だいすけ・寿司 和泉屋)

宮部賢一(みやべ けんいち・マテリアーレ ダ クイ)

米木康(よねき やすし・シーサイドうわかい)

千津井由貴(ちづい ゆき・株式会社 BKTC)

編集・原稿
深谷 真(ふかたに まこと)／町田武史(まちだ たけふみ)

撮影
久保田憲(くぼた けん)、市川喜栄(いちかわ よしえ)、笠原修一(かさはら しゅういち)、曽我部洋平(そがべ ようへい)

イラスト
赤木あゆこ(あかぎ あゆこ)

デザイン・レイアウト
浅沼孝行(あさぬま たかゆき)

津本式 革命魚レシピ

発行日　　2023年4月23日　初版
編　集　　内外出版社　企画販売部
発行者　　清田名人
発行所　　株式会社 内外出版社
　　　　　〒110-8578 東京都台東区東上野2-1-11
　　　　　☎03-5830-0368(企画販売局)
印刷・製本　中央精版印刷株式会社